风流江西

朱虹 著

二十一世纪出版社集团
21st Century Publishing Group

风流江西

穿越历史风烟，
回望文化之巅，
江西，俊采星驰，
风流人物世界比肩。

采菊东篱下，悠然见南山。
陶渊明的桃花源，谁不痴恋？
月上柳梢头，人约黄昏后，
欧阳修醉翁之意，山水之间。

问渠那得清如许？为有源头活水来，
朱熹白鹿洞学规，百世垂范；
小荷才露尖尖角，早有蜻蜓立上头，
杨万里一代诗宗，两袖清风。

门对千棵竹，家藏万卷书，
解缙编《永乐大典》，盖世奇珍；
闲居玉茗堂，情寄牡丹亭，
汤显祖“临川四梦”，石破天惊。

不畏浮云遮望眼，总把新桃换旧符，
王安石勇于变法，富国强兵；
人生自古谁无死？留取丹心照汗青，
文天祥千古忠臣，正气浩荡！

穿越历史风烟，

回望文化之巅，

江西，地灵人杰，

多少风流光耀人间。

目录

秀美山川篇

017 走遍江西 100 县
029 千峰之首黄岗山
038 世界氧吧
——崇义阳岭
044 丫山飞瀑
051 南昌大美南矶山
061 大茅山秀色
067 江湖奇峰石钟山
074 草民的“皇宫”
——篁岭

083 华夏梦都

——抚州

093 请到江西九江来

099 得天独厚的九江福地

103 为江西山水讴歌

109 画叙江西好精彩

112 秀美山川徐徐来

厚重文化篇

119 文化江西的巅峰

126 赣鄱文化耀华夏

133 文化创意与文化发展

136 说给世界听的中国故事

143 让书香飘满赣鄱大地

159 阅读改变人生

166 学会放弃

172 创客，你也行

175 散文创作要百花争艳

176 争做心灵美行为美的赣鄱最美少年

181 让世界领略江西的独特魅力

187 架起赣港澳文化交流的桥梁

192　加强古村落的保护和利用
194　顶级国宝亮相京城　文艺精品迎春绽放
196　破解历史的迷雾　讲好海昏侯故事
203　皇帝刘贺——惊心动魄的二十七天
209　掀开“海昏侯”遗址保护利用新篇章
213　《梅花三弄》与江西
218　江右书院冠华夏

灵动旅游篇

227 畅游文化时空中的美丽江西

233 展示江西旅游独特的文化魅力

240 人在旅途

243 看书游江西

248 图文绘华章

253 光耀千秋汤显祖

263 江西旅游商品：创意独特精彩新颖

265 文化创意与市场需求的优美聚合

270 江西茶文化与生态旅游

283 茶文化与“一带一路”

295 让鄱阳湖成为永远安全的候鸟栖息地

302 旅游合作：21 世纪海上丝绸之路的新力量

306 重塑丝绸之路江西历史荣光

312 共同浇铸江西风景独好的品牌之美

316 “江西风景独好”：江西全方位形象定位

330 后记

秀美山川篇

走遍江西 100 县

江西地处长江中下游交界处南岸，古称“吴头楚尾，粤户闽庭”。它东邻福建、浙江，南连广东，西毗湖南，北接湖北和安徽，全省国土面积 16.69 万平方公里，设 11 个设区市、100 个县（市、区），是东江源头所在地。古人说，读万卷书，行万里路。深切了解一个地方，最好莫过于亲身实地走一走、看一看。我到江西工作后，为尽快摸清旅游资源情况，用了近一年的时间走遍了全省 100 个县。随着对江西历史人文、自然资源逐步深入地了解，越来越感慨物华天宝、人杰地灵并非虚言，越来越惊叹造化神奇、风物独绝非此莫属，也越来越觉得江西发展旅游的条件得天独厚，江西旅游事业大有可为。

说到走遍江西，不能不提起古已有之的“走江湖”，这里的

“江”指的其实就是江西。据记载，唐宋之际，禅风日盛，尤以江西和湖南禅僧修为最高。禅门行者寻师参方，必来往于江西和湖南，否则不能得禅宗之要。抹去“走江湖”尘封的历史面纱，我们今天仿佛还能看到唐宋年间江西“万僧来朝”的盛景，充分感知江西多次在中国文化史上的引领地位。

儒释道三家是中国传统主流文化的主要组成部分，历史上三家相互融合、相互渗透，造就了中华文化的博大精深、源远流长。而江西自汉以后，尤其是唐宋时期，儒释道三家多有在此开宗立派，俨然成为了当时社会的文化中心。论佛教，早在魏晋时期，江西庐山就成为南方佛学研究和活动的中心，东晋高僧慧远在东林寺结白莲社创立净土宗，结合中国传统的灵魂不死思想，提出“形尽神不灭论”，佛教中国化进程在江西逐渐完成。唐代“马祖建丛林，百丈立清规”，高僧马祖道一在江西创立“丛林”,解决了佛教发展史上的硬件问题,使和尚住有所居；其弟子怀海在奉新百丈山制订规章，解决了佛教发展中的软件问题，确保了佛教的庄严性与崇高性，使其能持续、稳定地发展。佛教禅宗“五宗七家”，其中“三宗五家”源于江西，并远播海外。论道教，道教的重要流派天师道起源于江西龙虎山上清宫，以画符念咒、请神驱鬼为特色，持久传播于民间。元世祖命张天师“主领江南道教”，使之成为江南道教首领。论儒学，宋代江西，大哲继起，理学肇兴，以理学昌明为标志的儒家思想哲学化进程在江西完成。婺源人朱熹、金溪人陆九渊为理学双峰，他们的鹅湖之辩，首创学术自由争辩之风，产生了深远的历史影响。与此相关联，江西古代书院蓬勃发展，足有千所之多。白鹿洞书院名列中国四大书院之首，朱熹制订的《白鹿洞书院揭示》成为后世书院遵行的准绳和法规。

江西，又是华夏名贤的荟萃之地。“区区彼江西，其产多才贤。”历史上江西人才辈出、群星璀璨。晋代陶渊明一改玄学清谈文风，寄情田园景物，被尊为“古今隐逸诗人之宗”、田园诗之祖。北宋王安石品高学博，坚持政治改革，被列宁称为“中国十一世纪的改革家”。唐宋八大家有三家在江西，其中欧阳修列宋代六家之首，是“天下翕然而师尊之”的文坛领袖。黄庭坚开创“江西诗派”，其书法成就更是高山仰止，书法《砥柱铭》卷创中国艺术品拍卖成交价世界纪录，总成交价达 4.368 亿元。明代汤显祖创作的“临川四梦”代表了中国古典戏剧的最高成就，被誉为“东方的莎士比亚”。此外还有千古忠臣文天祥、《永乐大典》总编纂解缙、一代画圣八大山人、科学家宋应星和领衔设计故宫、圆明园、颐和园的永修“样式雷”家族等江西先贤均是名家巨擘，贤才大德。德安义门陈累世义聚三百余年不分家，是中国空想社会主义的实践先驱者，比英国思想家莫尔提出的“乌托邦”设想还早600多年。据统计，自唐至清，江西前后有进士1.05万人，占全国的10.67%；文科鼎甲（状元、榜眼、探花）107人，其中状元48人。江西籍历代宰辅近100人，有着“隔河两宰相，五里三状元”“一门九进士”“朝士半江西”的说法。江西实际上成为宋明两朝中央政府的主要人才库。此外，江西还吸引许多外地文化名人辐辏而至，在此成就功业，留下千古名篇。理学先驱周敦颐、宋明心学集大成者王守仁一生主要活动和重要思想形成均在江西；南昌滕王阁，王勃惊叹“落霞与孤鹜齐飞，秋水共长天一色”；赣州郁孤台，辛弃疾写下“青山遮不住，毕竟东流去”；庐山，李白吟“飞流直下三千尺，疑是银河落九天”、苏轼感“不识庐山真面目，只缘身在此山中”。

江西，也是民族艺术的扛鼎之地。江西素有“瓷国明珠”之誉，古窑址、古陶瓷遍及全省。景德镇瓷艺以“白如玉、明如镜、薄如纸、声如磬”蜚名四海，享有“千年瓷都”之誉。郭沫若诗云：“中华向号瓷之国，瓷业高峰在此都。”元末明初产生于弋阳的南戏“弋阳腔”是中国高腔戏曲的鼻祖，位居中国四大声腔之首，对京剧、川剧等44个剧种的形成产生了巨大影响。

江西是中国古代舞蹈艺术活化石——傩舞的发祥地之一，萍乡、南丰、临川、乐安、宜黄、万载、德安傩尤为突出。堪舆学在中国流传已久，被广泛运用于房屋建筑、墓穴选址等诸多领域。江西“形势派”堪舆学，从唐后期以来流传社会、风行朝野。兴国县三僚村被称为“中国风水文化第一村”，明代三僚地师廖均卿勘择明十三陵，被奉为皇家御用风水师。

江西，还是中国工农业生产的滥觞之地。江西以水稻为核心的农耕文明已有一万多年历史。万年县仙人洞、吊桶环两处遗址发现的距今1.2万年前的栽培水稻植硅石，实际解决了水稻从野生到人类种植的转变，把世界栽培水稻历史推前了5000年，成为现今世界上年代最早的水稻栽培稻遗存。铜开采和冶炼是中国工业的最早表现之一。瑞昌市铜岭铜矿采冶遗址距今约3300年，是中国发现的矿冶遗址中年代最早、保存最完整、内涵最丰富的一处大型铜矿遗存，也是世界发现迄今最早用木支护技术采矿的遗址。新干大洋洲商代大墓，出土青铜器数量之多、造型之美、铸式之精，为中国东南地区所仅见，与殷墟青铜器群、广汉三星堆青铜器群并称为中国青铜文明的三大发现。到现在，江西仍然保持着粮食生产和铜工业的领先地位，江西铜业集团公司是中国最大的铜产品生产基地，德兴铜矿是亚洲最大的露天铜矿。

清代以后，江西的地位逐渐式微。一方面因为海洋文明的兴起，江西失去了交通要冲之利，偏离了政治经济中心；另一方面因为数次大的战争，尤其是太平军与清军在江西激战经年，致使江西饱受摧残，耗尽实力。第二次国内革命战争和抗日战争以来，江西又遭多次军事“围剿”和侵略屠杀，人口锐减，元气大伤。但与此同时，江西人民在中国共产党的领导下，再一次挺立潮头，开创了中国社会发展的新纪元，成为著名的“红色摇篮”，为民族独立以及中华民族的伟大复兴，做出了不可磨灭的贡献。

穿行在江西省域，从南至北，从东到西，一个个地名，一串串光辉的足迹，记录了中国革命和建设多个第一或者之最，见证着中国共产党的光辉历程。井冈山，是毛泽东领导下创立的第一个农村革命根据地，中国革命由此走上农村包围城市、最后夺取全国胜利的道路。南昌，1927 年 8 月 1 日周恩来等在此领导发动起义，从此诞生了中国共产党独立领导的人民军队。瑞金，是中华苏维埃共和国临时中央政府所在地，为 1949 年诞生的新中国进行了伟大预演。安源，毛泽东、刘少奇、李立三等在此领导和指挥了著名的安源路矿工人大罢工，成为中国工人运动的摇篮。1978 年的中共十一届三中全会吹响了中国改革开放的时代号角，这一切最早也发源于江西一条平凡的小道。1969 年 10 月至 1973 年 2 月，受到错误批判的邓小平和夫人卓琳被“疏散”到新建县拖拉机修配厂劳动。他们每天往返于从住地到工厂一条长满杂草的田间小道上，这条小路就是著名的“小平小道”。卓琳后来在回忆中深情地说，通过三年的思考，邓小平的思想更加明确、思路更加清晰、信念更加坚定，对于他复出不久即领导进行全面整顿，以及在中共的十一届三中全会后制定改革开放等新时期路线方针政策产生了直接影响。从“小平小道”上延伸出去的，是一条通往国家富强、人民幸福的中国特色社会主义康庄大道。

“问渠那得清如许，为有源头活水来。”回头仔细审视养育着世世代代江西人的沃土，这是一个三面环山向北开口的马蹄形地形，地势南高北低。这里四季分明，雨量充沛，光照充足，基本没有大的自然灾害。这里大江与大湖襟连，绿水与青山相伴，市市有名山大川，县县有旅游景点，山河竞秀，如诗如歌，不能不感叹大自然对这方生灵的特别眷顾。

山，雄奇险秀，鬼斧神工。庐山、井冈山、三清山、龙虎山各具特色，早已名闻天下。云中草原武功山，在其海拔 1600

米以上的山脊线两侧，密布着 10 万亩连绵不绝“春夏绿油油、秋天金灿灿、冬天白皑皑”的云中草原，依山势起伏画出优美曲线，美不胜收。千峰之首黄岗山，雄踞东南之巅，不仅是江西第一高峰，也是东南大陆十省的最高峰。奇峰险壑、山花古树、飞鸟走兽、流泉飞瀑让人目不暇接，迷人的近月、壮美的日出、奇幻的云海、宏伟的峡谷、古朴的关隘更让人惊艳不已。月亮之都明月山，情月相融、泉月相映、禅月相通、农月相趣，其浪漫多姿的月亮情之旅给人以无限遐想。还有龟峰、三百山、大茅山、大觉山、灵山、汉仙岩、铜钹山等，精彩纷呈，令人流连忘返。

水，苍茫浩渺，千回百转。长江从江西北部贴境而过，留下 152 公里黄金岸线。无数条清泉小溪，汇成 2400 多条河流，流入赣江、抚河、信江、修河、饶河等主要河道，最后向北注入鄱阳湖，形成了中国第一大淡水湖。鄱阳湖以丰富的鱼虾、无污染的水质吸引着包括白鹤、东方白鹳、天鹅等在内的世界大批珍禽到此过冬，“飞时遮尽云和月，落时不见湖边草”。石钟山、鞋山、落星墩、吴城古镇、南矶山、鄱阳湖国家湿地公园、老爷庙等众多景点散布在鄱阳湖湖心湖岸，似颗颗明珠，点缀其间。九江庐山西海，碧波万顷，分布着大小不一、形态各异的1600多座岛屿；新余仙女湖，《搜神记》记述了这里“仙女下凡”的美好传说，风光绮丽，景色迷人；上犹陡水湖深邃清澈，四岸青峰绵延，群峦拱翠。还有大余丫山瀑布群、三百山东江第一瀑、庐山三叠泉、井冈山水口彩虹瀑等飞流直下，似银河跌落人间。此外，江西温泉遍布，不仅数量多、流量大，而且品质高。全省已发现100多处天然出露的温泉，宜春温汤富硒温泉是中国目前发现的少数可与法国埃克斯温泉相媲美的优质温泉，星子富氡温泉素有“江南第一温泉”之美誉，樟树盐温泉能使人不泳而浮，美容功效独具特色。

山连水，水连山，山水相连，相得益彰，造就了江西一流的生态、一流的水质、一流的空气。全省森林覆盖率达63.1%，境内主要河流监测断面Ⅰ－Ⅲ类水质常年保持在80%以上，11个设区市城市空气质量达到国家二级标准。更有崇义阳岭，空气负离子含量平均值高达每立方厘米9.2万个单位，最高处为19.2万个单位，被上海吉尼斯总部评为“空气负离子浓度值最高风景旅游区”，是名副其实的大氧吧。

城市，或日新月异，或韵味绵长。具有2200多年历史的省会南昌，一城香樟半城湖，既是享誉中外的英雄城市，又是环境优美的山水都城，还是快速崛起的动感都会，开放大气，诚信图强。九江，集名江、名湖、名山、名城于一身，融生态与人文于一体，妩媚多姿，和谐自然。江南宋城赣州，控五岭之要冲，扼粤闽之咽喉，至今流传“南方丝绸之路”之美名。吉安之庐陵故郡，抚州之才子故里，上饶之四省通衢，宜春江山多胜游，景德镇、鹰潭、新余、萍乡，城城天生丽质，竞显辉煌。

乡村，或田园如画，或古道老宅。中国最美乡村婺源，绿水青山，菜花烂漫，优美的田园风光，间以粉墙黛瓦、翘角飞檐的古建筑群和浓郁的乡风民情，“小桥，流水，人家”，恰似一幅幅绝美山水画。赣南客家围屋，高耸的炮楼、森严的炮口、厚实的城墙，铭刻着历史的厚重和岁月的沧桑。吉安渼陂、钓源、燕坊、锦源、潭头古村，文物古迹随处可见，古风古韵自然流露，恬淡豁达，蕴意深远，俨然一部浓缩的古庐陵文化史。“千古一村”乐安流坑村，现有明清建筑和遗址260多处，祠堂50座，宫观庙宇8处，文馆、戏台各一座，古居之多，全国罕见。

毛泽东曾在江西感叹，“踏遍青山人未老，风景这边独好”。述说历史辉煌不为炫耀掩饰，展示山光水色亦非自守陈规。保护好、开发好、永续利用好大自然和老祖宗留下的宝贵财富，加快发展旅游产业，是当代江西人的历史责任，是人与自然和谐发展的最好方式，也是既要金山银山、更要绿水青山的完美结合。2011 年，我省强力推出“江西风景独好”旅游品牌，全省旅游接待人数达 1.6 亿人次，旅游收入首次突破千亿元大关，达 1106 亿元，呈现出前所未有的强劲发展势头。下一步，我们将挟风雷之势，进一步扩大旅游宣传促销覆盖面，积极引进外来投资，加大旅游基础设施和重点景区建设力度，打造旅游创意精品，丰富旅游产品体系，提高文化、娱乐等旅游消费比重，不断促进红色旅游、山水旅游、乡村旅游、温泉旅游等多业态全面发展，为海内外游客提供最称心、最安心、最暖心的江西之旅。

(2012 年 4 月)

千峰之首黄岗山

知道黄岗山的人不多,到过黄岗山的人就更少了,这与它“千峰之首”的美誉颇不相称。

黄岗山是武夷山脉的主峰,海拔 2160.8 米,因山顶生满萱草(俗称黄花菜),八九月开花时节,山冈遍染金色,蔚为壮观得名。武夷山有曰:南北连粤浙,西东分赣闽,主峰黄岗山,势压大东南。黄岗山雄踞东南之巅,不仅是江西省第一高峰,也是东南大陆十省的最高峰。奇峰险壑、山花古树、飞鸟走兽、流泉飞瀑让人目不暇给,迷人的近月、壮美的日出、奇幻的云海、宏伟的峡谷、古朴的关隘更让人惊羡于她的绝美。

4 月下旬的周末,我到铅山县调研。在得知黄岗山距离县城大约 100 公里后,便决定连夜登临。从铅山县城乘车出发大

约是晚上 8 点，11 点半来到江西武夷山自然保护区叶家厂管理站，凌晨 3 点半再踏登顶之路，清晨 5 点左右抵达山顶。上山的道路崎岖颠簸，夜间行车冗长疲惫，但相比在东南第一峰守望红日喷薄的期待，都可忽略不计了。

黄岗山是登高望远的绝妙境地。山顶是一块 1 平方公里的平坦草甸，枯黄的萱草半人多高，还未着绿，松软如毡。我曾见过塞外孤冷如钩的弯月，亦曾见过西湖皎洁如盘的满月，却从未见过黄岗山这样迷人的近月，几乎不用抬头就能看到，仿佛一伸手就能轻触。像母亲亲和慈祥的目光，让你的心儿渐渐柔软；像情人晶莹润泽的脸颊，让你忍不住想要轻轻爱抚。淡淡的月光如烟似纱，远处的峰峦在云海中若隐若现，如真亦幻，像一座座岛屿在茫茫大海中漂浮游移，令人仿佛置身海上。山顶的最高点竖有江西省人民政府所立标志碑，其上“黄岗山”三字铁划银钩，苍劲有力。轻抚石碑，俯瞰云低雾绕，万峰匍匐，心中不由涌起万千气象，更是感叹黄岗山“千峰之首”之誉实至名归。

大约 5 点 30 分，远处东方灰厚的云团后隐有微光艰难透出，云团上方的区域渐渐明亮，灰厚的云层慢慢映红，黑色、黑灰、灰色、灰蓝、暗红、橙色，由近及远，层层铺垫。略不经意，云层表面镀上了一条细长的红线，呈弓形缓慢拱起，一个半凝状、火红的小弹丸在云团中浮现，既而快速跃升，瞬间跳出云面，灼灼其华，绚丽异常，眼睛已经不能直视。云海倏地染上绚丽的色彩，像花海，像锦绣，像流苏，云蒸霞蔚，妙不可言。月亮抑或不愿离开她眷顾的生灵，抑或要欢迎太阳的到来。东升的太阳、西沉的月亮，这大自然看似不可调和的存在，在此相融，共成一景，一边七彩绚烂、豁然开朗，一边皎洁清冷、静幽神秘，斑驳的光影在山间游弋交错，神奇壮美。我震惊于这日月同辉的景象了。

群山一下子苏醒了。绵连的群山，山体雄峻，平缓处错落有致，秀峰叠峙；险峻地斧劈刀削，危崖突兀。山下水汽蒸腾翻涌而上，很快形成烟波浩渺的云海，一铺万顷，茫茫无涯。峰峦变得捉摸不定，虚实莫测，俨然一幅自然天成的泼墨山水。层簇的云团平静时如棉似絮，千姿百态，悠扬舒缓，一幅烟水迷离之景；转瞬间风起云涌，惊涛裂岸，势如万马奔腾，令人心惧。

与夜间上山相比，下山之路充满了乐趣。黄岗山从山顶到海拔 900 米处，依次分布着中山灌丛草甸、中山苔藓矮林、针叶林、针叶阔叶混交林、常绿落叶阔叶混交林、常绿阔叶林、毛竹林，是国内唯一可以在 1 小时内沿公路考察欣赏到的最典型、最复杂的植被垂直带谱。沿山路而下，看林木竞秀，颇有检阅三军的感觉。特殊地理位置、山高谷深的复杂地形使得武夷山脉在地质史上未受到第四纪冰川直接侵袭，成为许多古老、孑遗生物的避难所和珍稀濒危物种的幸存地。这里分布着 6000 多亩全球最大的南方铁杉原始林，仅见于此的柳杉天然林，林内百年以上树木比比皆是。有“中国王”之称的南方铁杉伫立在山路边已逾 600 年，挺拔有力，剑枝戟叶，俨如战士站岗放哨，又像千手观音守望你的到来。

车行路上，不时看到轻灵的鸟儿、活泼的松鼠、机警的野兔在丛林中觅食、嬉戏，增添不少自然野趣。打开车窗，清冽的空气沁人肺腑，动听的鸟鸣扑耳而入，或清越、或函胡，或悠长、或短促，是绝妙的晨曲。有“鸟中熊猫”之称的黄腹角雉极其有趣。雄雉体型优美，羽色鲜艳，五彩斑斓，煞是好看，雌雉则体型较小。由于身体粗笨，不善飞翔，胆子很小，遇到危险时，它们不飞不跑，站在原地东张西望，直到敌人逼近，才“急中生智”一头扎进杂草丛中，身子却露在外面，好像鸵鸟一样，因此被当地人戏称为“呆鸡”。但良好的生态和纯朴的民风却使它们在这里首次发现命名后，经过 150 多年的自然繁衍，成为全球最大的黄腹角雉野生种群。

在黄岗山观赏瀑布无须艰苦跋涉，山腰转角处的“情侣瀑”就颇有特色。两道瀑布，左前方一道涓涓细流，犹抱琵琶半遮面，从幽林中辗转流出，曲折蜿蜒，身姿曼妙，娇柔妩媚；右边一道要宽阔得多，奔涌而下，阳刚壮美，一往无前，胜在气势。它们犹如一对热恋的情侣，起初深情凝视，最后执手相奔，潭中激腾的白色水花分明是它们快乐的歌唱。但多不胜数的季节性瀑布、雨后性瀑布才真正体现黄岗山瀑布之美。雨后的黄岗山，仅西坡就常见瀑布近 20 条，云际天边，彩虹之上，玉带飞悬。冬季这些瀑布是另一天然绝景，于山间、陡崖、巨石等处形成的冰瀑、冰帘、冰挂，晶莹洁白，形态万千。

“情侣瀑”的不远处是观看断裂大峡谷的最佳地点。断裂大峡谷形成于中生代地壳运动，横跨闽赣两省，长达数百公里。驻足眺望，大峡谷如被一柄巨剑生生劈裂，笔直伸向远方，极有气势。峡谷内沟壑深切，岩壁陡峭，险滩密布，林荫水覆。甘甜澈透的泉水泛着清幽的灵气，穿峡走谷，过滩呈白，遇潭现碧，时而舒缓，时而湍泻，其声如鼓如琴。

桐木关是武夷山八大雄关之一，凭吊自然必不可少。不算太高的关隘，青色的砖古朴厚重，其上有一座两层小楼台，依山而筑，居高凭险，无怪历朝历代皆为兵家必争之险。它的来历并无太多记载，相传明英宗正统年间为守护边关而建，因其时当地出产桐油，道路两旁随处可见油桐树（当地称为桐籽树）得名。立关北望，两侧高山耸峙入云，赣闽古道贯穿其间，只是曾经的“商贩盐挑来往之区（枢）”再也无法寻觅盐客踪迹，可凭吊的只有“勿许恃众闹事”的勒石告示了。

离开黄岗山是次日9时。但我从未停止过对她的想念和思索。武夷山是赣闽两地共有，但一山两地的发展理念、宣传营销、基础设施、旅游人次和旅游收入却有着巨大差距。黄岗山作为武夷山主峰，更是自然风光游、天象景观游、森林游憩游、科普探险游的绝佳去处，正成为闽赣两省争相开发的新资源。如再不争取发展的主动，势必留给江西人民历史的遗憾。

江西是一个神奇的地方，山清水秀、人文荟萃，不仅拥有“奇秀甲天下”的庐山、“革命摇篮”井冈山、“峰林奇观”三清山、“道教祖庭”龙虎山、“候鸟天堂”鄱阳湖、“最美乡村”婺源、“千年瓷都”景德镇、“千古名楼”滕王阁等许多广为人知的风景名胜，而且市市有名山大川，县县有旅游景点。丛林之源宝峰寺、清规之始百丈山、赣江源头大漂流、广昌十万白莲香、抚州名人雕塑园、庐陵文化生态园以及天宫庭院黄岗山等等，总是不断给人新的惊喜，丰富着“江西风景独好”的内容，增添着“江西风景独好”的色彩，保持着“江西风景独好”的品牌吸引力。而不断推出旅游新亮点，增加旅游人气，保持江西旅游业持续快速的发展，正是我们这一代人的使命。我相信，在不长的时间里，通往这里的道路将会畅行，游步道等景区基础设施将会完善。那时黄岗山将会是又一番风光了。

(2011 年 8 月)

世界氧吧

——崇义阳岭

凡到江西赣州旅游者，必到阳岭，这里的空气质量堪称“世界第一”。

阳岭位于赣南小城——崇义县城南郊。其空气负离子含量平均值高达每立方厘米 9.2 万个单位，最高处为 19.2 万个单位。2004 年 9 月被上海吉尼斯总部评为“空气负离子浓度值最高风景旅游区”，是难得的“天然绿谷大氧吧”。

去阳岭不难，从县城出发，5 分钟车程便可到达，离赣州市也仅 70 多公里路程。这里完全没有都市的喧嚣，有的只是江南面积最大、物种最多、生态保存最完好、离城市最近的原始生态风景区。风景区内峰峦叠嶂，古木参天，泉甘溪曲，藤古树珍，四时花木广布，珍禽异兽咸集，存有包括水杉、秃杉等国家一、二级保护树种在内的300多种木本植物，还有黄腹角雉、金钱豹等珍稀动物，被誉为“亚热带动植物基因库”。

初识阳岭，你一定会心醉于它的绿。总面积6889.5公顷的阳岭风景区，完整地保存着4800亩原始森林，森林覆盖率高达96.8%。常绿阔叶沟谷雨林、针阔混交林、竹林、杜鹃灌木林从山脚至山顶依次分布。目之所及，只见群山延绵，充盈你眼眶的全是青山翠绿，山中公路只是偶见掩映其间。这绿是那样的铺天盖地，这绿是那样的无边无际，完全令人目不暇接，却又使人急于投入它的怀抱。

当你迫不及待地走进长达6公里、有全国三大沟谷雨林之称的兰溪沟谷雨林，森林浓郁的气息马上就会包围过来。古树俯仰生姿，或耸入云端天际，用伟岸的身躯默默述说原始森林古老神奇的历史；或摇曳于山石险崖之间，用清俊的形体深情讲述四季轮回的动人故事。树下兰草遍生，夏秋之交，竞相绽放，幽香萦绕，沁人心脾。林间藤蔓比比皆是，有的婀娜缠绵于树干，岁岁年年追逐着阳光和高度，无止无歇表达着对大树温柔深厚的情意；有的恣意蔓延于地上，遒劲如龙、轻灵如丝，张扬着蓬蓬勃勃的生命活力。盛夏时节来到这里，山外烈日似火、热浪如炬，山内浓荫蔽日、阴凉如洗。明明前一刻还是酷热难耐，仅仅转了一个弯，就如同置身于冰清透凉的世界。

漫步在雨林石阶小道，迎着缕缕清风，甜甜的空气始终萦绕左右，你周身的毛孔都张开加入到呼吸中来，仿佛要用满含负离子的空气把自身浸个通透。据研究，空气中负离子能使人精力旺盛，提高机体免疫力，对人的寿命、行为、情绪、记忆力、生长发育等都有积极影响。南朝吴均在《与朱元思书》中写道："鸢飞戾天者，望峰息心；经纶世务者，窥谷忘返。"沟谷雨林亦能如此涤荡人的心尘。在那一刻，旅途的乏困，城市的铅华，人世间所有的烦恼和忧愁全都会烟消云散，怎能不让人沉醉其间。

青山不墨千秋画，绿水无弦万古琴。与苍翠同样令人陶醉的，是阳岭的灵动。

阳明湖就静静地匍匐在山脚。湖面弥弥浅浪，横空隐隐层霄，山中翠绿倒满整个湖面，宛如碧玉镶嵌。沿着沟谷雨林一路走去，五步一泉，十步一瀑。潺潺的小溪在身边时隐时现，时而近在眼前，伸手可及；时而隐匿林间，但闻淙淙水声。溪水清澈，游鱼碎石历历可数。树缝间偶尔透出几缕阳光投射出片片明亮的波光，山风吹来，树叶在舞动，波光在跳荡，溪畔丛丛簇簇的野花轻轻摇晃，渲染出一幅光影和谐的山水图景。远远听见水的声响，初如风拂树林，后似叠浪涌滩。峰回路转，巨幅瀑布赫然眼前，白水青山相映，分外悦目。水流飞泻而下，溅起一朵朵美丽的水花，飞旋环绕，姿态翩然。水的蜿蜒增加了山的层次，山环水绕间平添了不少美妙的遐想。

如果继续徜徉，细细体会，阳岭还有一种美会让你心醉不已，那就是它的质朴无华。那个秀才贪景忘我、遇仙教化、后中金榜的美谈和明朝著名哲学家王阳明的足迹已在岁月间斑驳，它的故事虽不似西湖雷峰塔传说那样凄婉动人，却也像涓涓细流，缓缓流淌进人们心田深处，化为了亘古不变的传奇。阳岭地域广，景点多，奇珍异树遍布，很多品种珍贵异常、世间仅有，但它不事张扬，除了供游人行走的石阶，便少有人工雕琢的痕迹，显得是如此沉稳而坚定。可能有人认为阳岭美则美矣，但没有把美景和传说集中地物化在某一点、某一处，不方便游客拍照留念，是不是美中不足？殊不知，万事万物都该在它本该存在的位置上，正因为如此，才更显质朴和自然。想想有些地方，为了所谓的旅游开发，大搞拆旧建新，肆意雕琢，生造许多突兀和生硬的人造景观，把原有的生态和文化破坏殆尽，岂不是大煞风景，得不偿失。

“日与南山老，兀然倾一壶。”置身阳岭，已是心醉沉迷。但当登上阳岭之巅，更觉景色之美妙。

阳岭主峰海拔 1295.5 米，相对高差 1022 米。往上看主峰倚天耸立，雄奇壮观，巨壁峭立。一架由 838 个台阶砌成的“摩天云梯”，从山上停车场直通“阳岭之巅”。在登顶过程中，云梯会伴着“咚咚”的脆响，极富音感，好像为登顶奏响华章。待登上山顶，俯瞰来路，但见陡峭的阶梯像一条挂在空中的天路，令人望而生畏。想象着第一个登山的人，应该是何等的艰难！山顶遍布杜鹃矮林，连连绵绵足有 4000 亩之多。正所谓“人间四月芳菲尽，此处杜鹃始盛开”。每年四、五月间，漫山红遍，层林尽染，姹紫嫣红，十分好看。或红或白或紫，或红白相间，让人眼花缭乱，美不胜收。极目远眺，百里方圆，尽收眼底。远处巍巍群山，环列如屏，一望无际。山腰处的十万亩竹海，层层叠叠，绿涛汹涌，气势磅礴，撼人心魄。那婀娜多姿的翠竹，随着阵阵微风掠过，竹叶晃动，竹枝摇曳，就像仙女们张开柔情的手臂，翩翩起舞，令人迷醉。山下那雪白的农房、翠绿的稻田、尽现优美曲线的田间小道、通户小径，好一幅大地山水画卷。

“智者乐水，仁者乐山。”大自然赋予了阳岭水之灵性，山之神韵。古往今来，引多少文人墨客、高才大德在此流连驻足，又有多少历史传奇、美好传说在此发端流传。其胜景、其人文，相互交织，相互辉映，时间愈长，就愈发醇厚。望之、闻之、赏之、品之，自有味道醉在你的心田。

(2011 年 12 月)

丫山飞瀑

江西大余县有一座山，因形似丫状，取名丫山，山不著名，游者不众。但近山一看，才知其特色不在山，而在巨大的瀑布群，这才是其真正吸引人之所在。

在丫山卧龙谷短短两公里多的阶梯形山谷中，集中了大小瀑布 20 多处，整体落差 220 多米，其中 30 米以上的瀑布四处，最高的一处瀑布 60 多米。近年来，随着水土保护、植被覆盖的不断加强，丫山飞瀑更加显得青春逼人、生机勃发，如诗如画、如仙如幻，有着巨大的观赏性和吸引力。

走进卧龙谷，空气润泽着湿意，却不粘人，呼吸之间但觉周身通透。弯弯曲曲的山间小路，铺贴着大小合适的青石，落脚之处倍感百般舒适。路两边生长着高入云天的松柏、樸树、

三

香樟，蜿蜒缠绵的藤蔓，以及丛丛簇簇不知名的小型灌木。偶尔有几束阳光从树木的浓荫中透射下来，地上的小草摇动自己柔软细长的身躯，争相向这万物的神表述自己的敬意。还有几处红红的、艳艳的果子，随同陪衬它的绿叶几乎贴着长在了地面上，这应该是一种叫“蛇莓”的野果。当地人说这种果子是蛇最爱的美食。间或会有几只蝴蝶飞到面前，跳入你的眼帘，提醒这里还是它们的地盘。移步转入山涧，路旁已见潺潺流水，不时有长满青苔的大石突兀而出。其中一块巨石嵌入山体，只留一个光面对着行人，上凿“卧龙”两个红色的大字，尤其醒目。这时，耳边定会传来水的轰鸣声，不停地在树梢间跳荡，连地上石径也成了传音板。初听似万鼓齐擂、万马齐鸣，就像一次宏大的战争动员，激越却不狂暴，昂扬而不失沉稳。细听又如手指从高音区向低音区拂过琴键，一声且比一声筋道，就像蕴藏了无穷的力量，直接却不单调，规律而不失韵味。这是水的奏鸣，这是水的召唤，引得你不由加快了脚步，一层层往卧龙谷里追进。

也许是自然造化，也许是冥冥安排，钟灵毓秀的丫山开门迎客的第一道瀑竟然是“丫”形瀑。在瀑布欲落未落之处，青黑的崖体不甘藏于水后，倔强地探出身子，将瀑布硬是分成了两半。待瀑布落下 3 米，它又似觉不妥，别开身子，让本该在一起的两股水流汇合完成最后下坠的里程。远远望去，瀑布构成一个天然的“丫”字。这时，丫山就像一个热情而慷慨的主人，张开巨大的臂膀欢迎来自五湖四海的游客，没等你张口追问，它就先作了一番华丽而不失诚恳的自我介绍。在接受如此特别而又隆重的欢迎仪式之后，你的兴致得到了更大激发，愈加地期待瀑布群之旅。当然，丫山不会让你失望，接下来的旅程将会精彩纷呈。

仙公瀑，悬崖式二级瀑，瀑高 40 余米，上下宽分别约为三、四米，形似太白仙公手持拂尘，正襟危坐，长袍泻地。立于瀑布落潭处向上仰望，烟雨霏霏，银珠四溅，水雾扑面而来，深吸一口气就如饮清洌甘泉，凉爽直通肺腑，旅途再多的疲劳也会顿时消失。瀑布四周的岩石早已被水流冲刷得不着一丝色彩，好像一群童子肃立两旁，屏息静气地听仙公传道授法，生怕错过了哪怕很细小的话语。及至登高俯视，飞瀑又似挂于山崖之上的一架琵琶琴，掩映在树林之中。仔细听听，水流撞击山崖发出的叮当叮当声音，正是仙公奏出的一曲曲天籁之音。这不，“萧韶九成，凤凰来仪。”在离仙公不远的地方，有一只白凤展翅欲飞于丛林山崖之上，惟妙惟肖。白凤瀑呈扇形分布，总高度 30 米，上部有一梯形巨石突出，似凤嘴。巨石左方有一圆形石，被水帘挡住，忽隐忽现。下部瀑布形似展翅，最宽处达 7 米，在阳光的映射下，一道美丽的彩虹不期而至，宛如给白凤披上了一件色彩斑斓的轻纱,煞是美丽。一路探寻,还有三叠瀑、母子瀑、七彩瀑、飞龙瀑、龙须瀑、道源瀑等一道接一道瀑布，或张扬、或温婉，或恢宏、或婀娜，或流壁飞玉，或风扬轻烟，或一气呵成，或一咏三叹，形态各异，美不胜收，不断挑战着你的想象力极限，徒余“此景只应天上有”的感叹。

人天性亲水。纯净的水意味着生命生生不息，人人都想亲近它，融入它。即使是出生才两三天的婴儿，在他的脖子上套上小泳圈，放到泳池中，他不仅不会害怕，反而烦闷的情绪马上会安定下来。再看看，我们的祖先逐水而居，到现代近水建筑广受追捧，无不印证着这一观点。丫山瀑布不仅是可赏的，也是可亲的。不似黄果树瀑布阔大壮观，庐山瀑布直下三千尺，美则美矣，却只可远观，不可近前一显亲昵。丫山瀑布远观有远观的景致，近前有近前的方便。沿着卧龙谷向上，有着别致而又精巧的游步道。有的是一段卵石，有的是一片水泥，有的则是几根长木扎成的小桥。游步道与瀑布近在咫尺，险要处早就修好了护栏，由倒悬竹兜作为立柱，中间贯以铁链或干脆就是横竹，既确保了安全又完全融入环境，不致太唐突。站在游步道上，你可尽情分享瀑布的欢畅，感知她散发出的迷人魅力。如果你愿意，完全可以伸出手臂将瀑布拦断，来一次亲密的接触，充分体会瀑布因你而不同的乐趣。

在各种水的形态中，最博大的是海，最宽容的是湖，最绵长的是江，而最勇敢、最纯粹的则是瀑布。古往今来，瀑布成为众多大家名流竞相称诵的对象。李白的“飞流直下三千尺，疑是银河落九天”，白居易的“水悬三尺，泻阶隅，满石渠，昏晓如练色，夜中如环佩琴筑声”，王安石的“共看玉女机丝挂，映日还成五色文”，还有唐宣宗李忱的“溪涧岂能留得住，终归大海作波涛”，他们毫不吝啬对瀑布的描绘和赞美，是因为瀑布吻合了诗人对理想、生活的无限遐想和不懈追求，成为人们心里最深处的价值情怀。你看，瀑布明知前方是千山万壑、千难万险，还要义无反顾，不辞劳苦，勇往直前。它在层层跌落当中，永无畏惧地粉碎自己，最后又终归一处。它的每一次跌落都是对自我的勇敢否定，接着是否定之否定，不断打造一个重新的、更加纯粹的自我。这不就像人生，有顺境，有逆境，在起起落落之间不断地剖析自我、认识自我、锤炼自我、提高自我、成就自我，最终实现人生追求的大境界。

海拔906米高的丫山，高山流水，不舍日夜。由此往南十余公里，梅关古道直穿梅岭，贯通南北。那里曾经是历史上中原文明与蛮荒之地的分界线，是连接南北交通的必经要道和沟通长江流域、珠江流域和闽江流域三大水系的主要孔道。“长亭短亭任驻足，十里五里供停骖，蚁施鱼贯百货集，肩摩踵接行人担。”当年官商士人、儒生侠客、贩夫走卒，纷纷芸芸，步履匆匆，好一派繁华景象。现如今，仅余八公里左右的古道，路面石头黝黑发亮，路旁千年古枫默然矗立，繁华不复。赏罢丫山飞瀑，再游梅关古道，不由要发怀古之幽思，寄万千之感慨，更加觉得飞瀑之历久弥新。

(2012年3月)

南昌大美南矶山

南昌确实有不少值得一去的地方，巍然古朴的滕王阁、鸟语花繁的天香园、嵯峨俊朗的梅岭、底蕴厚重的八大山人纪念馆等等，都让人流连和沉迷。暮春之初，偶然邂逅鄱阳湖南矶湿地自然保护区，徜徉在广袤无垠的江南草原之中，眺望浩瀚无际的鄱阳湖，看湖畔飞花牛羊满坡，鸟戏洲头，鱼翔浅底，我不禁由衷感叹：大爱无疆，大象无形，大美无言，这里是南昌真正的大美之地。

南矶湿地自然保护区位于南昌市东北约 60 公里处，总面积达 3.33 万公顷，是赣江注入鄱阳湖后流速变缓泥沙淤积形成的天然湖汊草洲，因湿地内有南山与矶山而得名，合称为南矶山。南矶山自然资源极为丰富，有高等植物约 600 种、鸟类 205 种、

鱼类 136 种、底栖动物类 62 种、虾蟹类 20 余种，被誉为“国际级极为重要的湿地”。这里位处东亚—澳大利亚水鸟迁飞区，是重要的水鸟越冬地和中继站，每年迁徙此处越冬或过境的水鸟近 90 种，总数量达到 8 万余只，占鄱阳湖候鸟总数的 58%。其中不乏全球关注的濒危物种，如东方白鹳、黑鹳、灰鹤、蓑羽鹤、丹顶鹤、白枕鹤、鹈鹕、白额雁、白琵鹭、金雕、海雕、中华秋沙鸭等等。这里还是长江中下游地区青、草、鲢、鳙四大家鱼和鲤、鲫等经济鱼类的重要产卵和育肥场所，是中华鲟、河豚、鲈鱼、鳗鲡等珍稀洄游型鱼类的重要洄游通道，因而可以说是野生鱼类的天然基因库和最后的避难所，对我国渔业资源保护有重要意义。

太子河的天然横断，隔阻了南矶山和南昌的交通，孕育了湿地良好的生态环境。时光荏苒，斗转星移，自然万物在这里生机勃勃地肆意生长，始终不被凡尘关注和侵扰，南矶山渐渐幻变为鲜为人知的桃源仙境。湿地景色四季怡人，春夏秋冬各秉异趣。春有绿草如茵、一碧万顷的风情，夏有烟波浩瀚、渔舟唱晚的意境，秋有蒹葭吐穗、芦荻飞雪的韵味，冬有飞鸟遮云、长河落日的壮观。

“泽国芳草碧，梅黄烟雨中。”春天的南矶山是江南水乡最美的山水国画，柔媚，朦胧，极富诗意。从南昌蒋巷镇一路向东北，一跃上黄湖大堤，眼前景色豁然开朗，湿地春色尽入眼底。“春和景明，波澜不惊，上下天光，一碧万顷。”7万亩的草洲就像一幅绚丽多姿的天然画卷徐徐展开，草色青袅，勾勒出草原般辽阔连绵的曲线；水声绕屋，弥漫着江南水乡的清新和婉约。草洲上点缀着大片大片的荇花，新绿托着嫩黄，在春光的映照下，氤氲出绚丽的霞彩。数十头老牛徜徉在荇花丛中，悠闲地吃着新草。一条条蜿蜒的小河纵横交错，像明丽的飘带穿过草洲，飘向春天的深处，延伸到星罗棋布的湖泊中。常湖、菱湖、北甲湖、东湖、神塘湖等湖汊先是一串串交错连接着，飘到远处便是一片汪洋了。湖边是绵延成片、丰饶肥沃的湖草，一簇簇，一丛丛，绿得沁人心脾。清澈透明的湖水里有成群初生的鱼儿，在碧绿新绒的湖草下穿流嬉闹。草洲边的阡陌水巷里横七竖八地停泊着许多渔船，时值休渔季节，渔娘们正在落日的余晖里悠闲地织补着渔网，憧憬着丰收年成。清风徐来，微波荡漾，渔船随风轻轻摇曳。鸟鸣啾啾，蛙唱声声，大自然安详地低吟浅唱，吟唱着南矶山春天的宁静与祥和。

“芦荻渐多人渐少，鄱阳湖尾水如天”，夏季的南矶山如一首波澜壮阔的山水诗篇，风卷云涌，气象万千。伴随着绵延迷濛的雨季，鄱阳湖日渐丰盈。赣鄱大地 95% 的雨水经过赣江、抚河、信江、饶河、修水等五大河流注入鄱阳湖，峰值流量竟然达 17000 立方米每秒。初夏，你可以明显地感觉到水一寸一寸地上涨，慢慢地漫过了河堤，漫过了公路，漫过了草洲，不多久，南矶山的绿色全部浸润在水中，南山与矶山成了两座孤岛。这时候要上岛，只有乘船了。来往的小船穿行于纵横交错的水巷之中，别有水乡泽国的意境和趣味。两边的芦草有近一人高，千枝万竿密密麻麻地挤在一起，笔直娟秀，青枝滴翠，连绵起伏，气势恢宏。经过春夏之交短短一个多月的时间，鄱阳湖的面积从 600 多平方公里暴涨到 3000 多平方公里。这里仿若成了水的世界，浩淼烟波中掩映着万种风情。远眺湖面，水光潋滟，风帆浮隐，透着大海般的壮阔与雄美；湖面尽处，远山连成一抹青黛的线条，空濛而不失隽永。如遇风雨，湖上风起浪涌，波涛连天，铅云低垂，混沌一片。恍惚间，不禁有一种错觉，这到底是宁静的湖泊还是浩瀚澎湃的大海？夏季是渔民的丰收季节，歇了好几个月的渔船欢快地迎着朝霞扑入了湖中，湖面上响起了阵阵欸乃的橹声，欢快悠扬的渔歌随着霞光飘漾，渔网撒下，网起大片大片的银光。南矶山上的村庄日渐明快起来，码头上都是忙碌的身影，渔民的脸颊上绽放着笑容，空气中似乎弥漫着淡淡的悠然情愫，令人不知不觉地消融在这如梦的波澜和柔软的记忆里，内心激荡已久的喧嚣与躁动从指间悄然滑过，留下一丝久违的素淡与豁然。

“无人为觅桓伊笛，自卷秋芦片叶吹。”秋天的南矶山是一首激情澎湃的秋日恋歌，激昂高亢，热烈如火；是一幅绚丽多彩的风景油画，五彩缤纷，意境悠远。“梱庭多落叶，慨然知已秋”，当秋风挟带着落叶如约而至时，南矶山已是水落洲出。茫无际涯的草洲在风霜秋雨的浸染下洗尽铅华，层层叠叠地呈现出粉红、青黄、黛绿、灰白、天蓝各种颜色，别有一番风韵。初秋，草洲还是以深绿为基调，少部分已经转为青黄。草洲中间，怒放着一簇簇红花草，在秋阳的抚摸下，格外绚烂，将湖床染上大片大片的粉红。红花之上，有小簇荻草摇曳，荻花似雪，为五颜六色的草洲平添些许风花雪月。红花绵延连到湖边，浓醉成一抹深红，与湛蓝的湖水成鲜明对比。近黄昏，落日熔金，霞燃水醉，波光粼粼的湖面羞成了绯红，分外绚丽。霞光下，千帆归港，桨声悠扬，楫影清远，湖面上不时飘来几句高亢缠绵的渔歌，犹如一曲欢悦的恋恋情歌。秋意渐浓，南矶山的景色在秋霜的渲染下悄然变化。芦荻花多触处飞，黛绿的苇叶衬托着雪白的荻花，在斜阳的照耀下透明雪亮，大湖内外都笼罩在一层薄薄的“秋雪”之中，有如夜雪初霁，分外妖娆。深秋，秋风横扫了万顷草洲，南矶山铅华尽褪，大地一片金黄，高低起伏的芦苇在夕阳的映照下肃穆静立，定格为一幅永恒的油画。

“鄱湖鸟，知多少？飞时遮尽云和月，落时不见湖边草。”冬天，南矶山是候鸟的天堂。寥廓的湿地保护区湖水退落，露出大片大片的浅滩、沼泽和港汊，大量鱼虾、螺蚌滞留浅滩，为候鸟提供了丰富的食饵。在亚热带湿润季风的召唤下，候鸟追逐着季风从遥远的西伯利亚、北大荒等地翩翩飞来，在这里越冬、觅食、繁衍生息。一瞬间，湿地的每一片湖水、每一块浅滩上都洋溢着生命的活力。数不胜数的鹤、鹭、鹳、雁等候鸟成群结队，千姿百态。各种各样的鸟鸣声高亢悠扬，不绝于耳，宣示着她们才是南矶山冬天的主人。她们时而踮着脚在湿地里漫步，时而在湖面上盘旋飞翔，时而一头扎进湖水里捕食。或追逐，或嬉戏，或静卧，或素裳婷立，或翩跹起舞，或展翅翱翔，或用曼妙的身姿挥洒着对湿地的喜爱与眷恋。矶山是看日出观候鸟的最佳之处。

初冬的清晨，乘兴登上矶山最高处——平安塔，遥望一轮红日撕开湖面喷薄而出，天水之间仿佛豁然撕开了一个口子，湖面刹那间倾下万丈金辉，五彩斑斓。迎着晨曦，千万只候鸟在空中翱翔飞舞，忽东忽西，忽高忽低，不断变换着阵形，流金溢彩的朝霞里欢舞着无数美丽剪影，睡意初醒的湖面中洋溢着无限勃勃生机。近处，山脚钟山潭如碧玉妆成，秀美婉约；远处，康山大堤绵延百里，直接天际。久久眺望如梦如画的风景，你会心旷神怡，心飞云天，如醉如痴。山河壮丽，江山如画的豪情壮志从心底油然而生。

春去秋来，花开花落，岁月的年轮不仅雕琢了南矶山的质朴与大美，而且沉淀了许多美丽的历史传说。江西“老表”的起源之一，就与南矶山有关。元至正二十三年（1363 年），明太祖朱元璋与陈友谅大战于鄱阳湖，因兵力悬殊溃不成军，几乎全军覆没。朱元璋敕建的忠臣庙至今屹立在对岸的康山之畔，默默地见证着这段壮怀激烈的历史。明太祖在走投无路之际为湖区百姓援救。湖区百姓皆姓陈，与明太祖的娘舅同姓。明太祖心怀感恩，亲昵地称呼当地百姓为“老表”。明洪武四年前后，洪都府连年水灾，湖区颗粒无收，百姓苦不堪言。于是，三名勇敢的“老表”主动请缨前往应天府，在紫禁城门前擂鼓高呼“皇上的亲戚江西老表求见”。明太祖念及当年救命之恩，传谕赈灾免赋。自此，江西皇亲“老表”声名远扬，成为江西人的代名词。矶山之巅的平安塔，始建于南宋，明军将士出征前均会在此烧香祈福，十分灵验。矶山岛西边有一突出的平台，花影扶疏，林木荫翳，刘伯温常常在此钓鱼，仰观天文，俯察地理，苦思破敌良策。马子山、藏兵洞、阵头咀等等，都曾是明军厉兵秣马之处。硝烟散尽，走过一个个历史遗址，凝望迷雾笼罩的湖面，似乎仍能隐约看到旌旗猎猎，听到兵士擂鼓呐喊之声。

沧海桑田，时光飞逝，刀光剑影已化为过眼云烟。如今的南矶山犹如藏在深闺鲜为人知的璞玉，美丽质朴，尚待雕琢。随着旅游开发步伐的不断加快，快速交通的打造构建，游览设施的不断完善，相信用不了多久，作为我国唯一一个在省会城市的国家级湿地一定会绽放出耀眼的光芒，这片大美之地将成为南昌旅游的新龙头，成为鄱阳湖旅游的新高地。

(2013 年 5 月)

大茅山秀色

大茅山是江西森林覆盖率最高的山。它以其独特的奇树异木、罕见的峡谷风光、绝顶的峰岩景观、纵横的飞瀑冷泉，从不同角度展现了山的秀美、水的清灵、林的茂密、石的坚韧。

大茅山位于江西德兴市东南部，与三清山东西对峙，同属浙赣两省交界的怀玉山脉，其主峰海拔 1392 米，穹窿崔巍，拔地干霄，连绵不绝的叠嶂峰峦，形似巨龙之背脊，矗立入云，气势磅礴，素有“千峰倚空碧，万嶂碍于云”之赞誉。其浩瀚林海之茏苁、神龟望月之悠扬、奇岩线天之震撼……令人叹为观止，给人无限遐想；宁静的天鹅潭、清绿的仙女潭、端庄的观音瀑、迷人的七彩湖……散发出芝兰的芬芳，沁人心脾、使人陶醉。

树，是大茅山的肌肤。景区内群山攒翠，林木荫郁，森林覆盖率高达97%。站在山的最高处，放眼望去，到处都是流淌的、奔放的、泼洒的绿意。蔚然深秀的青枝绿叶，是那样的姿意和柔美，就像一位美丽的绿衣仙子，在微风中纵情舞蹈，时而轻轻地扬起头，时而俯身亲吻着大地。绿随山势起伏波荡，山也因绿而显得更加巧媚和韵致。春天里，峡谷中数百亩的红花油茶林，开出了一朵朵艳红的花儿，心形的花瓣层层叠叠，像婴儿般绽放的笑脸；一阵山风拂过，它又像一位楚楚动人的少女，在朝晖中舒展着柔美的舞姿。每至深秋，那朝霞一般斑澜夺目的红叶给秋色增添了无限魅力。特别是梧风洞路旁的两排水杉树，参天耸立，像两队卫兵整齐而肃穆地站在两旁，原本翠绿的衣裳经寒风侵袭一夜绣红，枝盖日渐憔悴，红叶铺满一地，廓然空阔的秋绪在无边的秋色里弥漫。这里遍布原始森林，行走深处，林木繁茂，古藤缠道，薄如蝉翼的阳光艰难地穿透漫天枝叶，漏出一束束小光柱，斑斑驳驳地洒在地上；脚下铺满了厚厚的落叶和枯木，也不知层积了多少年，散发出淡淡的草木香气；刚上山时，你会感到路边的空间被齐人高的灌木挤满，越往上，灌木越见稀疏，而一棵棵大树拔地而起，负势竟上，直指苍穹。接近山峰，树越来越大，越来越高，仰头向上，几乎看不到树梢。山顶处，不时有大树在山岩中突兀而起，独木成峰，苍劲挺拔，透示着远古的苍凉与旷远。这里自然分布着157科2300多种野生植物，还有野生脊椎动物300多种，在崎岖的山道两侧，除了珍贵的南方红豆杉、香果树，还广泛分布着国家二级珍贵树种花榈木和鹅掌秋，再往山里走，是豹、熊、麂、猴、穿山甲等动物的乐园，它们才是这林海的主人，在森林里追逐着，嬉戏着，自由自在地生活。

水，是大茅山的经脉。明澈清冽的马溪，就像一个顽皮的孩子，在深邃的峡谷中奔跑穿行，不停地迂回躲闪，欢腾跳跃，历经1200多米的落差，它一路形成了深潭、流泉、飞瀑，天鹅潭、仙女潭、观音瀑、七彩湖、河马潭……卓然独秀，各具特色。沿着梧风洞宾馆前的小溪缓缓而上，行至大约两公里，可见一帘银色水幕隐藏于林黛之中，若隐若现；水帘后的石壁及错落其中的大小石块，形似一尊慈眉善目的观音，手捧玉瓶，枝洒甘露；水帘侧面爬满的藤条，像是一头飘逸的秀发。倾泻而下的水帘，经石壁上突兀的岩石的阻挠，由上至下，渐行渐宽，宛若一条白色的裙摆，随风摇曳。循着瀑布撞击岩石的轰鸣声，近前，那水帘飞溅的粒粒玉珠，似烟似尘，弥漫于空气之中，在斜阳的照射下，映出道道彩虹，斑斓炫目。从田棚沿水渠顺流而下约一公里处，可见一泓清溪缓缓流淌，至低处汇聚成潭，俯身看去，似一弯月亮中沉着一潭墨绿的翡翠，细看又像一只侧身而立的天鹅在翩翩起舞。秋天来临，原本碧绿的湖水中留下了彩色的痕迹。素有“江南九寨”之誉的七彩湖,呈现出鹅黄、墨绿、深蓝、藏青等多种缤纷的色彩，斑驳迷离，叫人痴迷沉醉，仿佛进入童话般的世界。在马溪向下游汇聚途中，一道大坝岿然屹立，延缓了溪水流淌的脚步，在山腰处形成了光影绚烂的高山平湖，湖面细浪缕缕，就像一匹柔滑的丝绸，被微风拂起层层细纹；湖边青黛环绕，树影婆娑，山上错落点缀着一些叫不上名字的小花，溢散着清新的、淡淡的香气。乘船游荡于湖面，仰望天空，云朵飘然，低视湖心，云影徘徊。水，寂静无声，波澜不惊，透着梦一样的蓝色，让人惊叹、沉醉，仿若置身世外桃源，任思绪恣意徜徉，心似乎也被涤荡得分外清澈。

石，是大茅山的筋骨。僧尼峰、玉兔峰、笔架山、狮子头、海豚石、点将台、千仙论道、猛虎下山、神龟望月、奇岩线天……坚韧刚毅，峻极于天，无不让人惊叹于大自然的天地造化。沿着山路行走，随处可见大大小小的石头，或浴于峡谷水底，或立于峭壁之上，如龟如兔，似禽若兽，神态各异。让每一个行走于此的人，不禁驻足流连，用视觉去素描峰和石的象形，捕捉大自然流露的神韵。在梧风洞的东面，三座海拔千米以上的山峰突兀拔起，高耸入云，形似笔架，故而得名笔架山，山上最奇之处莫过于“一线天”了。从梧风洞宾馆出发，沿着山脚一条伐薪小道蜿蜒而上，伴随着潺潺的流水声，一座峭壁矗立在道之尽处，危自兀立，峭壁间的狭小石缝成了衍而行的前路。石缝仅能容一人通过，脚下是乱石，仰视乃苍穹，一线天光倾泻而下，带着万缕穿透黑暗的光芒温暖着冷峻的岩壁。两壁间，一颗苦丁茶树破土而出，直立着挺拔的身躯，将生命的绿色以骄傲的身姿托举在石壁之上，沐浴在日光之中。石缝斜斜而上，便愈发狭隘，攀登又艰难了许多。更令人惊惧的是，两壁之间还夹着几块石头，似乎没有它们，两侧巨壁便会合二为一，人行于其下，战战兢兢，不敢久立，其奇，其险，实属罕见。爬出“一线天”，视野豁然开朗，大茅山全貌尽揽眼底，山河大地蔚然壮观。“巍然高峙势旋空，独表银阳岳镇雄。”远处，三清山主峰巍峨高耸，遥相呼应。近处，乌烟叉全景近在咫尺，触手可及。绝顶高台上，耸立着一块巨大的方形石，石上有一尖状石块，极似一只千年龟首。夜里，淡淡的月光静静地泄在大地上，大茅山的万物生灵好似进入了梦乡，唯独这千年神龟在痴痴的翘首遥望，神态中透着坚定，还有些许的孤独和寂寥。

大茅山有的不仅是大自然的鬼斧神工，还蕴涵着丰富的人文景观。2000 多年前，战国四君子之一的春申君黄歇曾在此避难隐居，留下了一个叫“黄歇田”的小村庄和数百亩良田；唐末，黄巢起义军在这里屯兵修整，今天“点将台”边，似乎仍能听到将士们擂鼓呐喊的声音；宋代理学家朱熹、文学家苏轼等泰斗巨匠也曾登临于此，留下了诸多千古名篇；国内革命战争时期，方志敏在此建立了赣浙皖革命根据地，留下了红军洞、三百烈士纪念碑等革命遗迹。

大茅山是一座神奇的富有生命张力的山，苍绿静谧的森林，让山显得神秘、厚实；源源不绝的流泉飞瀑，让山变得灵动、柔媚；千姿百态的峰峦奇观，还有那峡谷中、溪水底静静躺着的圆润的鹅卵石，展现了山的鲜活与壮美。林、泉、峰、石，在大茅山这幅国画山水里相映成趣；一串串历史的脚印，饱经岁月风雨的洗礼，依然历久弥新。大茅山美，美得深入骨髓；大茅山静，静得渗透心魂；大茅山淳，淳得温厚清新。在这里，你可以穿越都市的喧嚣与尘埃，放下心中的繁芜，投身大自然的怀抱，看花开花落，望云卷云舒，享受这份难得的随性、朴实和阒寂。

(2011 年 12 月)

江湖奇峰石钟山

很多人去石钟山，是因了苏东坡的原故。苏东坡在《石钟山记》中写了他夜察石钟山的经历，文章行云流水，变幻莫测，潇洒自得，绘声绘形与卓识妙理兼具，吸引着人们寻迹而至。

石钟山属九江市湖口县。从九江市区出城往东，全程高速公路，跨过雄伟的鄱阳湖大桥，很快就能来到石钟山的山门。与从《石钟山记》中得到的印象不同，石钟山并非危岩千尺、四面绝壁的湖中大岛，而是三面环水、一面连着陆地的水渚高崖。湖口县城半围着石钟山呈扇形展开，石钟山山门正对着热闹的街市，非常方便人们登山观景。

山门外是一片喧嚣的繁华。街道上的汽车来往穿梭，“湖口全鱼宴”的大幅招牌直入人眼，各种各样的酒店、大排档、商

铺一间挨着一间，老板和伙计热情地招呼着南来北往的客人。一走进山门，却又仿佛进入了另外一个静谧的世界。这里的游客随性地徜徉着，动听的鸟鸣声不时传进耳朵，微风夹杂着清新的花香环绕在你的四周，未及细细游览，已然放下了心尘，期待来一次心灵的旅行。

拾级而上，首先看到的是东坡先生的汉白玉雕像。雕像足有 3 米多高，被安放在正对山门的山坡之上，通身被清扫得一尘不染。每一名路过的游人都不禁要在此驻足良久，间或还有人要鞠上一躬。只见众人目光注视下的东坡先生背手而立，衣袂随风微卷，面容和蔼，很是恬淡自得。此景轻易就让人想起了东坡先生与这方土地的不解之缘。苏东坡从小聪颖好学，被欧阳修称赞为“他日文章必独步天下”。他一生仕途坎坷，屡遭贬黜，多次出入江西，留下了大量脍炙人口的作品，使江西众多景点声名远播。在赣州八境台，他第一个提出城市八景概念，为后世模仿；在庐山，写下“不识庐山真面目，只缘身在此山中”等千古绝唱；尤其是湖口石钟山，更因他的《石钟山记》声名鹊起，引发定名原因千年之争……

依依别过苏东坡雕像，接下来是一条茂林垂荫、修竹掩映的石阶小道引领着游人前往景区深处。石钟山海拔 57 米，全山面积约 9 万平方米，体量不算很大。然而越走就越发现其精巧雅致，好一派江南园林的美妙风光。

据考古记载，早在商周时期，湖口先民就在此结庐为居，从事渔猎活动。自唐初到清咸丰七年，石钟山曾有古建筑约 50 多处，但后来基本毁于历次战火。现存的古建筑群主要由清末湘军将领彭玉麟主持重新修建。石钟山的建筑集亭、台、楼、阁、塔、榭、舫、廊等 20 多种形态为一体，皆是依山就势，因地制景，“各抱地势、勾心斗角”。各种各样的植物遍布山头，古榆浓荫匝地，香樟四季常青，紫薇搔首弄姿，梅花暗香浮动，樱花轻盈漫舞，不大的山头森林覆盖竟达 95% 以上，仅木本植物就有 200 多种，与各式建筑相映成趣，相得益彰。漫步其中，石钟亭、怀苏亭、昭忠祠、报慈禅林、浣香别墅、坡仙楼、临湖塔等相继巧妙呈现，一步一景。尤其是当你走进浣香别墅，沿着天河向前，过听涛眺雨轩、芸芍斋，再至且闲亭，突遇石岩障前，几欲返身而退时，却有一座石板小桥，曲径通幽，又见一石门洞开，豁然开朗，原来是“桃花洞口，渔人精舍”，让人感慨别有一番洞天。

近年来，当地在保留原有建筑风貌和特色的基础上，又新建了一批当代建筑，泛舟亭就是其中的绝佳代表。泛舟亭坐落在岩下水滨，需从临湖塔旁援崖而下，经绝壁，穿洞、跨桥、过隙，一路曲径陡险方能到达。这是一个不大的亭子，周围乱石穿空，古树倒挂，景致清幽。900 多年前一个月朗星稀的夏夜，东坡先生就在此岩之下，坐着一叶小舟艰难前行，湖水发出很大的声响，山林中惊起的猫头鹰凄厉地减叫，划船人神情紧张，不断催促快回。东坡微欠着身体，紧紧抓住船身，借着月光辨明了波浪冲击下的岩壁布满大小不一不知深浅的洞穴，风水相吞吐，哐哐啷啷作响，转而笑语："石钟之名原来如此，凡事还是要耳闻目睹才算啊。"如今，静坐亭中，闭目细听，仍然可以亲聆微风鼓浪、水石相搏、响若洪钟之美妙声音。

石钟山又是一座有着丰富文化遗存的档案馆。这里集中了大量的由历朝历代大家名流、文坛巨匠留下的诗词歌赋、金石铭文、长短楹联。它们看似散乱，实则本真，只要细心揣读，无不有跨越时空，望云卷云舒、看花开花落的感觉。先看碑刻和石刻，现存有 200 多处，最早的可追至唐代魏征书四言书"遵王之义"。这其中，名家名篇者有之，如陶渊明的《归去来兮辞》、苏东坡的《石钟山记》；勒碑记功者有之，远如元代桑嘉依击退红巾军进复湖口，近如清末湘军曾国藩作昭忠祠记；只言片语抒怀咏景者有之，如"力挽狂澜""云根""旷怀""牺牲救国""金石为心”等。石刻“江湖锁钥”更是写尽石钟风云。历史上石钟山为兵家必争之地,谁控制了石钟山,谁就占据战争的主动权。从三国周瑜练兵于鄱阳湖，到朱元璋与陈友谅之战、太平军与湘军之战，石钟山目睹了一幕幕惨烈的战争场景，也见证了历史的沧桑巨变。再看楹联,更是多不胜数,几乎每一处建筑都有，其中昭忠祠更是达百余幅之多。这些楹联文字质朴，多为即景抒怀之作，与建筑情景交融、相映生辉，更加增添了石钟山的文化魅力和感染力。

遍游全山，意犹未尽。小小的石钟山一草一木一石都承载着厚厚的历史，古往今来多少诗人、散文家、书画家、军事家、思想家争相驻足于此。特别是在苏东坡之前，陶渊明、谢灵运、郦道元、狄仁杰、孟浩然、李白、白居易、范仲淹等等，都曾不约而同登此感怀。看来，石钟山已远不止是东坡先生笔下山石多隙、水石相搏、常击钟鸣之声的石钟之山。

待站上山的最高处，顿觉天地寥廓。刚才还婉约动人的石钟山，这时像一位坚毅的勇士矗立在一片汪洋之上，脚下是中国最大的淡水湖——鄱阳湖，苍茫浩渺；右手边是中国最大的江——长江，直泻千里。千百年来，湖水北去、大江东流，石钟山笑看大浪滔滔，水分两色，一切尽在掌控之下。远处匡庐秀色若隐若显，近处舟辑云集来往穿梭，傍晚时分更有霞光映水、渔舟唱晚。诗人看到此景，一定会无限感慨吐块垒；画家看到此景，一定会腕底烟霞流雅韵；军事家看到此景，一定会想到“岿然天堑，诚不可忽”；忠臣节士看到此景，一定会感喟泾渭分明，忠奸不能两立……

扼湖控江的石钟山，如此的自然天成，再加上人文造化，造就了这世上独一无二的“江湖奇峰”，中国不会有第二处，世界也不会有第二处。至此，人们也许明白石钟山吸引无数慕名者纷至沓来，不仅仅是东坡先生的一篇奇文，终究大家同东坡先生一样，都是大自然的朝圣者。

今人再游石钟山，还当精心呵护这一上天的恩赐，给予它更高的礼遇，不断丰富它的文化内存，以达天人合一，使石钟山之名飞得更高、更远、更久！

(2013 年 2 月)

草民的“皇宫”

——篁岭

篁岭正如其名——“篁”：一个戴着竹帽的皇帝，没有至高无上的皇权，却享有天人合一之大自在——这里是草民的“皇宫”，普通民众的乐园。无论是谁，锦衣华服也好，清新简朴也罢，都可以来到这里，融入这里，成为这天地之中的一分子。

这里其实是一个小村庄。篁岭坐落于“中国最美乡村”婺源县东北部，悬于海拔 600 米的石耳山之上。100 多栋古民居高高低低，挨挨挤挤，随弯就坡，错落有致地摆布在了百米落差的山窝之中。小村的对面，万亩梯田大大小小、层层叠叠，一大片一大片，从沟谷到山腰，与群山拥抱着、依偎着，仿佛他们从来都是生长在一起的。晨雾起处，炊烟袅袅，村庄披上了青萝面纱，忽隐忽现，犹如3D版仙境的现实存在。

山路数拐，走近村口，一大片高大茂密的水口林随山采形、就水取势，一下撞入了眼帘。这片树林以“天然活化石”国家一级珍稀濒危保护植物红豆杉为主，杂以香樟、香枫、银杏、香榧、香桂、松树等，共百余株，大多树龄在500年以上，其中数棵竟达千年以上。浓浓树荫，似书法巨匠，仅用寥寥数笔，就已然使篁岭徽州古村的形象跃然纸上。

“水口”，指水源所从出之洞口，也是村庄的出入口。受中国传统思想“天人感应”的影响，古徽州人对自然非常崇敬，认为草茂木繁则可生气旺盛、护荫地脉。所以他们十分用心地营造和建设水口林，将其视作村民命运和前程的象征，这也使得古徽州广大山林得到了很好地保护。篁岭的水口林正是徽派水口林的典型代表。在篁岭，至今秉承着“树旺丁”的精神契约。所谓“榆柳荫后檐，桃李罗堂前”，篁岭人历来乐于植树插竹。对房前屋后、周边的林木，自古禁伐，对违者实行“杀猪封山”，也就是对偷伐、滥伐林木者，全村人声讨，除处罚金并通告外,还要从当事人家中拖出生猪当众宰杀,全村按人头送肉。他们用自己的智慧和方式，不断在与自然的交往中找到平衡点，使得今日之村落古树环抱，从容宁静，更使得鸟兽栖息，连濒

危珍稀鸟种黄喉噪眉也在此安家，与人和谐共处。

人都说，春之媚、夏之艳、秋之旷、冬之韵。篁岭华彩万象、景色迷人，四季的色彩和魅力在这个古老的村落得到了最好的诠释。

春天的篁岭，啾啾鸟鸣，万物复苏。在春风吹拂下，小村恰似一曲节奏明快的音律。油菜花开，金蛇舞动，嫩黄飘香，与梨花赛雪、桃花嫣红一道，交相辉映，绘成一幅无比浪漫、色调绝美的粉墨画卷，美不胜收。

初夏的篁岭，万木峥嵘，竞相吐翠。一抹山色耸入云霄，“山青青兮欲雨，云澹澹兮生烟”，遇雨天，水倾盘而下，或成瀑流；雨过天晴，或现彩虹。蔚蓝天空、山林苍翠、粉墙黛瓦，蓝与白相间、红与绿相配，酣畅淋漓，绚丽迷人。

深秋的篁岭，天高云淡，秋风送爽。阳光把晒楼唤醒，家家户户齐刷刷开始“晒秋”，地里种的、山上长的、树上摘的，黄菊、豆角、茄子、苞米、黄豆、芝麻、番薯、油茶籽，一起恣肆地铺在晒架上。但也有有心人家，在大大的晒盘上，用鲜红的辣椒、澄黄的稻谷拼成巨幅国旗，与别样的古民居交相辉映，煞是喜庆。这“晒秋人家”的原创景象，加上梯田花海，就是一场宏大的多彩视觉盛宴，撩人心魄。

冬日的篁岭，沉静清和，万籁俱静。和煦的阳光伴着湛蓝的天空，看着星点梅花尽情绽放，村子多了许多风骨和优雅。有时一场大雪，大地银装素裹，田间草垛堆白，小村格外妖娆。

确实，青山掩映中篁岭的色彩已经足够令人惊讶了，但它不仅只有这外貌的五彩斑斓，建筑才是它的厚重文化和内里所在。走进小村，触目所及，无数栋徽派明清古建筑完整地、直喇喇地竖立着，古巷、古宅、古桥、古井、古书院、古牌坊、古戏台、古祠堂等一应俱全，仿佛在静静地诉说着古思、古幽、古韵、古脉。每一栋建筑既各具特色，又风格统一。面积最大的 200 多平方米，最小的只有 70 平方米，不奢华，不做作，讲究自然古朴、隐僻典雅，充分体现了徽州气派。雕梁画栋、翘角飞檐等优雅别致，水池、天井、正堂、榭阁等功能完善，房内石雕、砖雕、木雕工艺精湛、小巧玲珑，不乏高洁之情趣，给人以“隽永婉约”和“讷于外而雄于内”之感。

你看，占地 150 平方米的“树和堂”，原主人是归隐临川知县曹鸣远。此屋天井边木柱上刻有楹联“金石其心芝兰其室，仁义为友道德为师”；中堂刻有曾国藩题写的楹联“高花风堕赤玉盏，老蔓烟湿苍龙鳞”；边墙上悬有唐伯虎的书法《吴门避暑》；这些明志寄情的楹联书法告示后人：一个人无论身在何处都要有进取心，重仁德，心系家国，报效社会。“五桂堂”，占地 200 平方米，原主人明代商人曹永护，从祖辈而下，四代单传，因性情宽厚，待人接物温和谦恭，见义勇为，且乐善好施，常接济与人，从不张扬，其子曹希赓续祖上善行，生五子，二十七孙子，曾孙、玄孙二百余人，传为佳话。它告诉后人，只要多行善举，必有好报，必结善果。“竹山书院”，占地约 200 平方米，分前后堂，后堂分两层，有教学区、读书处、藏书楼和教师住的边厢，是一所乡村高级学校。书院大门的门楼砖雕是典型的徽州五凤楼格式，砖雕上分别刻有“喜上眉梢、望子成龙、兄弟登科、孟母教子”四个典故，寄托对后代子孙的殷切希望。书院的侧边墙壁上碑刻有“忠孝廉洁”四个大字，系朱熹为岳麓书院所题写，代表书院以朱熹“孝悌忠信、守节自重、廉洁自律、济世救命”的思想作为办学理念。几百年来，全村耕读之风鼎盛，人才辈出。清朝之时，这里还走出了父子宰相曹文埴和曹振镛。曹文埴为乾隆二十五年（1760 年）二甲第一名进士，后官拜户部尚书兼管顺天府尹，晋太子太保，因其引徽剧进朝入宫,被尊为京剧的鼻祖。曹振镛为乾隆四十四年（1781 年）进士，为道光帝师,历任内阁学士、武英殿大学士、吏部尚书兼工部尚书、军机大臣，晋太子太保、太子太傅。曹氏父子宰相，操持朝政

75 年，成为了中国历史上有重要影响的人物。

篁岭虽然建筑很多，却丝毫不显凌乱，反而是肌理清晰，布置精巧，让人有仰止之感。在村子中央，一条 500 多米的主街巷，当地人称之为“天街”，挑起了整个篁岭，成为全村的主通道和大客厅。与之相连的有“三桥六井（塘）九巷”，三桥即步蟾桥、安泰桥和通福桥；六井（塘）即五色鱼塘、方塘、尚源井、忠延井、霞披井和廉井；九巷即大丰巷、担水巷、添丁巷、厅屋巷、团其巷、五桂巷、犁尖巷、月光巷和方竹巷。通过“一街”连“三桥六井（塘）九巷”，把这个地少屋多坡陡的小村庄打理的井井有条。

近年来，婺源旅游在全国声名鹊起，篁岭这个昔日摄影家眼中的宠儿，也获得了旅游开发者的青睐。2009 年，采用搬迁安置与新农村建设结合的方式，通过市场运作，对全部古村产权进行收购，村民由山上搬至山下，住进交通便利、宽敞明亮的新徽派风格安置房。山上则充分挖掘特色和内涵，对原有古建筑进行进一步地科学规划和保护，并将安置好的村民返聘回山上，完完全全保留古村文化“原真性”和村庄活态。同时，积极引入国际度假酒店品牌，打造特色精品度假酒店和民俗文化影视村。如今，漫步在天街，两旁茶坊、酒肆、书场、砚庄、篾铺等徽式商铺林林总总、古趣盎然。篁岭，这座“草民的皇宫”越来越名副其实，为海内外游客所共享，他们在此访古拾趣、览胜寻芳。2014 年，篁岭荣登第一届“美丽中国·最美中国符号”品牌榜，成为全国 15 个获奖单位中唯一的一个村庄，不愧为中国乡村旅游皇冠上的明珠。

篁岭，就是这样让人魂牵梦绕，有时像是大山的骄子，静静卧躺在深山之崖，沐浴天地的恩泽；有时又像梦幻般的人间仙境，云遮雾绕，静谧而恬淡，独自与天地往来；有时更像世外桃源，灵动脱俗，斑斓如春，成为人们争相追逐和向往的福地。

（2015 年 10 月）

华夏梦都

——抚州

一句好的旅游宣传主题词，是城市旅游形象的点睛之笔，也是吸引游客的神来之笔。它不仅要反映一个地方的优势和特色，而且应该字句短少，朗朗上口，切合韵律，便于记忆。抚州作为江西中部的欠发达城市，尽管并非当今名城，但史上人才辈出、名冠华夏，临川文化更是江西乃至中国历史文化最为炫彩夺目的篇章之一。用一句话定位抚州这个城市的旅游形象，我以为“华夏梦都、才子之乡”是合适的选择。

称“华夏梦都”，应是华夏梦之起源，或是华夏梦之集大成者，而抚州与华夏梦有着最早、最直观、最紧密的联系。明代戏曲集《临川四梦》(也称《玉茗堂四梦》)是中国最早以大

规模篇章表现梦的戏剧作品，在世界文化史上占据着重要地位。它向人们构建了一幅明末社会的广阔现实图景，表达了当时人们对理想社会的追求。而该戏曲集的作者正是抚州临川人汤显祖,且“四梦”中有“三梦”完成于汤显祖老家临川玉茗堂寓所。

汤显祖是与英国的莎士比亚同时代的东方曲坛伟人，出生于临川，成长于临川，最后终老于临川。他“于古文词而外，能精乐府、歌行、五七言诗；诸史百家外，通天官、地理、医药、卜筮、河渠、墨、兵、神经、怪牒诸书”，而最重要的成就是戏曲作品和戏剧活动，完全可以称之为中国戏剧第一人。《临川四梦》不但为中国人民所喜爱，而且已经传播到美、英、日、德、俄等很多国家，被视为世界戏剧艺术的珍品。《牡丹亭》是《临川四梦》中社会影响最大，也是奠定汤显祖世界戏曲大家地位的杰出作品。明万历二十六年（1598 年），汤显祖因不满当时的政治黑暗，弃官归乡，当年就在家乡创作完成了《牡丹亭》。三年后,朝廷以“负才而轻佻”的“浮躁”之名,将他正式免职。《牡丹亭》诞生至今 416 年，仍然焕发着耀眼的思想光芒和艺术魅力。该剧以 55 场的篇幅铺演了杜丽娘和柳梦梅生死离合的爱情故事，洋溢着追求个人幸福、呼唤个性解放、反对封建制度的浪漫主义理想，感人至深。台湾当代著名作家白先勇先生改编的青春版《牡丹亭》在全球巡演，引起热烈反响。2008 年北京奥运会开幕式上，《牡丹亭》作为中国古代文化的代表惊艳亮相，全球 48 亿观众同时目睹，震撼了全世界。有 600 多年历史的北京皇家粮仓上演昆曲《牡丹亭》，如今已成为北京的重要文化地标。除《牡丹亭》外，“四梦”中还有《紫钗记》《南柯记》《邯郸记》，也都是借梦抒怀，体现着对至情、至真、至善、至美的追求，体现着超越世代的思想探索与人文关怀，使其能够永远流传、生生不息。

梦，是照进现实的光，寄托着人们对美好未来的向往。小人物有小人物的梦，大人物有大人物的梦；家庭有家庭的梦，民族有民族的梦。一个梦想实现了，又会产生新的梦想，这正是个人和社会前进源源不断的动力。自古至今，抚州产生了《临川四梦》这样的伟大作品，也出现诸多彪炳史册的贤才高士，犹如源头活水，汩汩不停。这些抚州才子的涌现，编织着不同时代个人和社会的梦想，汇聚成一个又一个的华夏之梦。

王安石之改革梦。临川人王安石是中国历史上杰出的政治家、思想家、文学家和改革家。北宋建朝百年之后，由于持续的冗官、冗兵、冗费政策，以致出现了“国用不足”和士风不正、吏治腐败的严重危机。王安石在宋神宗的支持下，以“富国强兵”

为宗旨，以“天变不足畏、祖宗不足法、人言不足恤”的大无畏精神，大规模推行改革变法运动。他先后推出均输法、青苗法、农田水利法、免役法、市易法和方田均税法等重大改革举措，涉及政治、经济、军事、社会等诸多领域，影响之大、之广前所未有。改革变法历时16年，虽然遭到了守旧派的强烈反对，并且随着宋神宗的病亡戛然而止，但客观上促进了社会生产的发展。尤其是宋廷财政有了很大的改善，由宋神宗刚即位时的“百年之积，惟存空簿”，到后来的中央积蓄钱粟“数十百巨万”，“可以支二十年之用”，积贫积弱局势有所改观。近现代以来，王安石获得了海内外的高度评价，被列宁评价为“中国十一世纪的改革家”，梁启超更赞王安石“若乃于三代下求完人，惟公庶足以当之矣”。

曾巩之文学梦。抚州南丰人曾巩是北宋著名散文家，北宋诗文革新运动的积极参与者，宋代古文运动的重要骨干，唐宋八大家之一。他尽管近40岁才得中进士，但在此之前早已因文而名满天下，被当时的文坛宗主欧阳修视为最得意的门生。其弟曾肇说他“其所为文，落纸辄为人传去，不旬月而周天下，学士大夫手抄口诵，惟恐得之晚也”。曾巩师承韩愈和欧阳修，主张“文以明道”“文道合一”。一方面强调“道”是至善、不可移易的，文章的终极目的就是要实现治国平天下的儒家理想。符合这个标准就叫“当于理”“公且是”，否则文章写得再好也不行。另一方面，他又强调“辞之不工，则世犹不传也”，要求文章能够驰骋上下，伟丽可喜。曾巩的文学主张和实践，不仅对当时的诗文革新运动发挥了积极的作用，而且为后世所师范，影响十分深远。南宋朱熹说“予读曾氏书,未尝不掩卷废书而叹，何世之知公浅也”，认为曾巩的文章是写得最好的。明代茅坤认为朱熹文章的规矩就是从曾巩处学来的，并把曾巩正式列为八大家之一。清代对曾巩更是推崇备至,时人张伯行重新选编《唐宋八大家文钞》，收入曾巩的文章数量远远超过其他 7 人；桐城派宗祖方苞将曾巩的文章作为学习的楷模。

谭纶之强军梦。抚州宜黄人谭纶是明代著名的抗倭民族英雄、著名军事家。明嘉靖二十七年（1563 年），谭纶初仕南京，一股倭寇逼近城下，将士“怯懦不敢前”。谭纶请命募壮士五百，击退倭寇，从此闻名朝野。后巡抚福建，总督蓟辽，官至尚书加太子少保，主持兵事 30 年，辗转全国各地抗倭，为维护中华民族的利益而鞠躬尽瘁。谭纶善于发现、培养和爱护立有战功的将领，抗倭名将戚继光、俞大猷等遭到过革职或受冤入狱的惩处，他冒险进谏，洗清冤屈，赢得了将士们的衷心拥戴，史家称谭纶“善任俞戚而建大勋”。在戎马生涯中，谭纶积极总结军事经验，著有兵书《说物寓武》二十篇、《谭襄敏奏议》十卷、《谭襄敏遗集》三卷、《军事条例类考》七卷，及《书经详节》《点将图》等文集，具有重要的军事学术价值。此外，抚州还有广昌人揭暄，是明末清初的著名军事著述家，著有《揭子兵法》和《揭子战书》，这两部兵书思想内容丰富，在清代后期有着较大影响，被称为“异人异书”。

舒同之书法梦。抚州东乡人舒同是当代书法大师，被毛泽东同志称赞为“党内一枝笔、红军书法家”。他自幼喜爱书法，5 岁学书，14 岁即有乡誉，被誉为“神童”“东乡才子”。在师法颜真卿、柳公权、何绍基等名家的同时，大胆创新，逐渐形成自己的书法风格。他创立的“舒体”，浑圆有力，外柔内刚，宽博端庄，雍容大方，备受海内外推崇。舒同一生都与书法为伴，从未中断对书法艺术的研究和临池实践。即使是行军打仗的途中，没有纸笔，捡了树枝也要在地上划拉；骑在马上，也要用手指头在裤腿上划拉。有一次被毛泽东看到了，就笑着说：“舒同，你成了马背书法家啦。”改革开放以后，舒同创立了中国书法家协会并担任第一届主席，后任第二届、第三届名誉主席、中国老年书画研究会名誉会长。“舒体”也早已被广泛用于报纸、刊物和影视，越来越显示出其独特的魅力。

抚州才子不断地涌现，梦仍在继续和丰富。据史料记载，抚州籍历代宰辅有 18 人，文武科进士 2531 人，在多个领域取得了丰硕的成果，产生过较大的影响。王羲之、谢灵运、颜真卿、梅尧臣、苏轼、陆游、徐霞客等历史文化名人也都曾寄怀于抚州，留下了许多赞美之词。近些年才辞世的抚州籍物理学家饶毓泰、文学史家游国恩等都是各自领域的泰斗级人物，为新中国科技和文化发展做出过巨大贡献。而今的抚州，尽管经济尚欠发达，但他们秉承千年学风，高度重视教育，培养的一批又一批当代才子，活跃在了我们国家的各条战线。中国交响乐团国家级小提琴独奏家盛中国，多次应邀到亚洲、欧洲、大洋洲、南美洲的许多国家以及港澳地区举办独奏音乐会，被誉为“杰出的音乐表演大师”；中国工程院院士邱定蕃，是矿浆电解技术的发明人，实现了金属提取和冶炼技术的重大进步，对有色金属工业可持续发展意义重大；北京大学血液病研究所所长黄晓军，长期致力于血液病临床和实验研究，成功攻克了通过近亲骨髓配型治疗白血病难题，在国内外发表论文近 300 篇，综述 25 篇，专著 20 部，其中一年内在血液学领域顶级期刊《Blood》作为通讯作者发表论著 3 篇，取得了重大的学术和实践成果。

以才子之灵，铸梦都之魂。对今天的抚州人来说，梦都的记忆、梦都的荣光、梦都的传扬都已汇成精气神，融入了他们的血液，化作了城市的脉动，变为了旅游的看点。中心城区有王安石纪念馆、汤显祖大剧院、汤显祖纪念馆、汤显祖戏剧节、名人雕塑园，无不在表达着人们对古圣先贤的尊崇；有梦乡、梦泉、梦山、梦湖、梦街、梦园、梦台，无不在彰显着抚州深厚的梦都文化。尤其是梦园景区，根据《牡丹亭》的情节，设计和修建了牡丹亭、花台殿、烟波画船、云霞翠轩、梅花庵、琴轩、梳妆阁等多处景观，梦幻般地再现了杜柳缠绵爱情的迷人场景，让人们恍然觉得此“梦”原来不在梦里，就在现实之中。应当说，抚州处处都是做梦的好地方。南城麻姑山，洞天福地兼而有之，是著名的道教圣地，至今流传着麻姑食千年茯苓而升天成仙，永远十八岁的经典形象，以及麻姑献寿、掷米成珠的美丽传说，寄托了人们永葆青春、长寿不老的梦想。资溪大觉山，其冲浪水道全长3.6公里，落差188米，途径一峪、三弯、六潭、九瀑等急流险滩，惊险刺激，是全国十大著名的峡谷漂流之地，体现了人们一日千里的梦想。乐安流坑村，绿茵遍野，古木参天，山环水绕，存有明清建筑和遗址260多处，被誉为“千古一村”，体现了人文与自然相互融洽的和谐聚居梦。黎川洲湖船形古屋，共有古房百余间，至今已有170年历史，建筑规模宏大，保存完好，就像一艘巨船乘风破浪，直挂云帆济沧海，寄托着一帆风顺、永不沉没，不达目的誓不罢休的理想。此外，还有抚州第一高峰军峰山、宜黄狮子山、崇仁汤溪温泉、金溪跃马泉等名山秀水，皆是天生丽质，妖娆多姿，大大丰富了梦都的内涵，增加了梦都的魅力。抚州完全可以深厚历史文化底蕴和秀美山川为背景，唱响梦都之名，展示梦都之实，吸引全世界的游客来这里寻梦、看梦、做梦、圆梦！

(2014 年 1 月)

请到江西九江来

“不识庐山真面目，只缘身在此山中。”九江以这样一种方式，进入我们儿时的课堂，成为每个人熟记于心的文化记忆。翻开九江的历史，历代名人在这座“诗的城市”留下了无数诗词，以同一种方式为九江“代言”，把九江的山水浸润得诗意绵绵，把九江的历史渲染得文脉悠长。

“采菊东篱下，悠然见南山”的陶渊明，把九江的田园写成了开宗立派的诗篇；谢灵运和宗炳以九江为起点，各自开启了山水诗和山水画的时代,九江也因此赢得“山水诗的策源地”“山水画的发祥地”之美誉。“飞流直下三千尺，疑是银河落九天”，李太白的豪情流芳百代；“同是天涯沦落人，相逢何必曾相识”，白乐天的惆怅感怀千古；“停船暂借问，或恐是同乡”，崔颢的

多情与羞涩沿江直下万里。

千百年来，古人从九江这片土地汲取养分，满腹才华浓缩在纸墨上，化成蔚为壮观的地域文化。自然恩赐的山水景观，等来了文人的亲昵，等来了政治的旋涡，才能从冷清变成名胜，从普通变成不凡，从山川河流变成家喻户晓的文化符号。不仅每个地名都能牵出长长的历史故事，每一种文化行为在九江也都能独树一帜。而要把九江的文化分类，可以归纳为蔚为大观的山水文化、清新隽永的田园文化、源远流长的隐逸文化、神秘深奥的宗教文化、声名远播的书院文化、异彩纷呈的民俗文化、火热喧嚣的商业文化、催人奋进的红色文化。

九江不仅在中国文化中占据了重要的篇章，也是绵延千载的繁华胜地。“九江郡”是秦朝统一中国时设立的 36 郡之一，作为行政区划始于此。汉高帝六年，车骑大将军灌婴在此戍守时筑九江城,拉开了九江两千多年江南名城史的帷幕。三国时期，九江称柴桑郡,周公瑾在此设水军都督府,发布赤壁之战的号令。到了晋代九江已是“七省通衢，来商纳贾”的通都大邑和东南望郡；明清两朝则以“三大茶市”“四大米市”的身份，成为联结赣鄱大地与长江水系的“北大门”。

放眼华夏，九江是一个重要节点，是八百里鄱阳湖与万里长江的交汇处，是引南接北、承东启西的黄金十字口。正是这样的华夏节点，“天下眉目之地”，汇聚了天下商贾，也接待着历朝历代的风流人物。帝王将相、高僧名士、文人墨客，他们错开了时间的纬度，从不同的朝代赶到九江，用一首诗、一幅画、一琵琶、一讲学，各自提领着九江的山水城邑。九江，在历史的隧道从此有了不同凡响的回音。有了这样的不同凡响，才有了集“名山、名江、名湖、名城”为一身的九江。

“九派浔阳郡，分明似画图。”南北朝的山水诗画、唐宋的诗词散文，在九江的大地上还原，是定格了千百年的景观，是每个人内心描摹无数遍的文化记忆。信手拈来，就是挂在庐山上的瀑布、浔阳江头的琵琶声、东林寺的虎溪三笑、朱熹讲学的白鹿洞书院、水石相搏的石钟山。哪怕从天南海北赶来九江的初游者，也有似曾相识、故地重游的感觉。这些流传后世的文化遗产，恰是九江的魅力所在。

踏上江西的土地，走遍全省 100 个县，江西文化一次次给我意想不到的惊喜。期间我多次来到九江，探视那些从小就珍藏着的文化记忆。这些美好想象，藏在九江的山水里，铺摊开是一幅幅巨制的画卷。坐拥这方兼具了人文印记的山水湖城，九江人懂得珍惜与善待：用日益完善的配套体系、不断拓展的新型业态，把文化“富矿”转化为旅游“高地”；以让人目不暇接的风景，迎接着海内外络绎不绝的游客。

“踏遍青山人未老，风景这边独好。”风景独好的江西，已经把旅游提升到战略性支柱产业的地位，当作现代服务业中最有条件率先崛起的产业来发展。江西省委、省政府出台的《关于推进旅游强省建设的意见》，紧紧围绕建设一流旅游目的地的目标，为旅游产业发展指明了方向，对九江旅游寄予了更大的希望。

《江西旅游》画报推出九江专刊，九江的山水城邑、诗词曲赋、风土人情有了图文并茂呈现的载体，九江近年来在旅游开发、资源保护等积累的经验也有了展示的平台。专刊中一张张夺人眼球的图片，一篇篇有趣耐读的文章，在带给读者“悦读”体验的同时，也让读者走近九江、感受九江。

但从一本期刊探视九江这座文化“宝藏”，终究只能管窥到一个平面、一个角落。“纸上得来终觉浅，绝知此事要躬行”，只有身临其境、身处其中，才能感受立体的九江，体会九江这方山水的妙处。“庐山藏天下，九江通四海”，欲识庐山真面目，请到江西九江来！

(2014 年 7 月)

得天独厚的九江福地

九江市地处江西北大门，长江、鄱阳湖汇合于此，京九铁路穿境而过，地理位置优越，是江西水陆交通的重要枢纽和省域副中心城市。同时，九江市有着两千多年的悠久历史，文化底蕴深厚，是省级历史文化名城。“十大”独特的自然和文化资源构成了九江城市的重要元素。

一是大江——长江。长江是我国最重要的内河运输航道，它在我省的152公里黄金岸线全部位于九江境内，这一优势是我省其他城市无可比拟的。

二是大湖——鄱阳湖。鄱阳湖三分之二的水面在九江境内。九江城区湖泊也是星罗棋布，有甘棠湖、南湖、白水湖、琵琶湖、八里湖等。

三是大市——九江早在魏晋时期就是“七省通衢”的通都大邑，明清时期是全国“三大茶市”“四大米市”之一，也是我国最早的对外通商口岸之一。现在是长江沿岸重要的港口城市。

四是大山——庐山，集教育名山、文化名山、宗教名山、政治名山于一身，列我省四大名山之首，是江西旅游业的龙头。九江还有石钟山、鞋山、云居山等名山。

五是大海——庐山西海，是我省目前唯一以海命名的湖泊，是我省最具潜力的旅游资源，现在有三百亿资金的大项目在投入，十年它有可能成为江西乃至全国最大的旅游亮点之一。

六是大寺——千年古刹东林寺，始建于东晋，距今已有1600多年历史，是净土宗祖庭，佛教中国化在此完成。

七是大德——虚云、海灯、一诚、传印等著名高僧都曾常住云居山真如禅寺，其中虚云是现代禅宗泰斗。解放后中国佛教协会先后六位会长，有两位出于该寺，虚云也曾任名誉会长。

八是大师——朱熹讲学白鹿洞书院，开创千秋学风，他制订的《白鹿洞书院揭示》成为后世书院遵行的准绳。

九是大梦——田园诗之祖陶渊明描写的“桃花源”，体现了中国人千百年来的伟大梦想，是和谐社会的典范。

十是大爱——葬于九江县的岳飞之母姚太夫人，在岳飞背上刺“精忠报国”，励子从戎，抵御外侮，把对孩子的小爱上升为对国家的大爱，成为中华民族爱国主义的典范。

(2012 年 2 月)

为江西山水讴歌

清代文人张潮说："文章是案头的山水，山水是大地的文章。"山水自然，是文学的永恒主题。古往今来，多少文学大家通过行万里路，读万卷书，历览名山大川，采撷山水性灵，铸就了伟大人格，留下了不朽文章，成为了文学大家。俄国著名文学理论家别林斯基说："诗人的天才越高，他就越能够深刻而广泛地拥抱大自然。"李白、杜甫、王维、柳宗元、苏轼，几乎所有的中国古代优秀文学家，无一不是山水的行吟者，自然的朝圣客。"相看两不厌，唯有敬亭山"，"孤舟蓑笠翁，独钓寒江雪"，"水光潋滟晴方好，山色空蒙雨亦奇"，"黄河远上白云间，一片孤城万仞山"，这些描写山水的诗句，构成了中国文学史上的动人景观，也构成了中国山水的重要文化标签，提升了山水的文化内涵。

山川秀丽的江西自然也成了文人们吟哦的胜地。无数文人墨客因种种机缘来到江西，为江西壮美山水所魅惑，被江西优美生态所征服，留下了无数瑰丽诗篇和锦绣文章。陶渊明的《饮酒》，李白的《望庐山瀑布》，苏轼的《石钟山记》《题西林壁》，辛弃疾《菩萨蛮·书江西造口壁》，就是其中的代表作。它们是江西优美山水的广告片，宣传词，千百年来为江西山水享誉世界起到了很好的推介作用。

当前改革进入了深水区，环境生态问题凸显，山清水秀的江西仿佛稀世珍宝越来越被天下人所珍视，"江西风景独好"越来越成为天下人的共识，江西旅游目的地体系正在招徕全世界的人们，与江西约会，与山水密谈。在这种语境下，如何向天下人推介好江西的好山好水，如何用文学的手法表达江西山水的容貌与气质，就成为江西人的重要课题。

值得高兴的是，多年来，江西有才华的文学写作者，自觉承继古代山水文学的传统，自觉遵循从山水中寻觅诗意，到自然间捕捉灵感这一文学生成的历史路径，自觉以手中饱含山水灵气的笔，写门前的山，写路上的水，写山间日月，写水中光影，为江西山水讴歌，为江西自然立传。这些作品在全国电视、报纸、期刊发表，仿佛是向全国乃至全世界发出了一张张江西的文化名片。这些作品中有不少在全国产生了重大影响，为宣传江西、塑造江西新形象，发挥了重要作用，可谓功德无量，功不可没。

江西省文联、江西省作家协会利用江西省文艺创作与繁荣工程的资助,将江西作家们的山水文章编辑为《江西山水入梦来》一书出版，这无疑是一件十分有价值的事情，可喜可贺。

《江西山水入梦来》是一本全面书写江西山水风流的文化读本。从井冈山、庐山、三清山、龙虎山，到龟峰、铜钹山、神雾山，这本书中都有反映；赣江、信江、抚河、庐山西海乃至桃江、陡水湖、九子溪，这本书都有描述。四十多篇江西山水文章荟萃成书，篇篇山鸣谷应，行行水绕山环，江西山水地图跃然纸上，白纸黑字，却有绿色葱茏其间。

《江西山水入梦来》是一本展示江西散文创作水平的散文读本。据我所知，江西散文创作经过江西文学组织部门的持续推动，近年来已成气候，一批散文作家，在全国重要文学报刊持续发表作品，在许多重大散文赛事上获得重要奖项，在许多出版社出版优秀散文集。他们的笔下，有陶渊明、欧阳修、杨万里、王安石的文章遗韵，有江西自然风光的浸润，有现代文学给予的滋养。这本散文集，是对江西散文创作的一次较为全面的展示，是江西散文作家们围绕着江西山水主题的同台竞技，四十多篇美文，让人赏心悦目，美不胜收。

衷心希望有才华的江西作家们能写出更多更好的山水文章；衷心希望江西散文创作能更进一步，江西文学事业能更加繁荣。

（此文系《江西山水入梦来》序，2015 年 4 月）

画叙江西好精彩

习近平总书记在文艺座谈会讲话中明确指出，文艺是时代前进的号角，最能代表一个时代的风貌，最能引领一个时代的风气。实现“两个一百年”奋斗目标、实现中华民族伟大复兴的中国梦，文艺的作用不可替代，文艺工作者大有可为。广大文艺工作者应该从“人民”这样的高度认识文艺的地位和作用，认识自己所担负的历史使命和责任，始终坚持以人民为中心的创作导向，努力创作更多无愧于时代的优秀作品，弘扬中国精神,凝聚中国力量。展现在大家面前的“百名画家画百县”作品，正是江西的艺术家们在总书记讲话精神指引下，深入生活，深入群众的一次集体艺术创作。他们用手中的画笔讴歌江西的自然人文景观，以饱满的情绪抒发他们对江西这块红土地的热爱。

我看了之后很感动、很振奋。

江西物华天宝，人杰地灵。全省森林覆盖率达 63.1%，处于全国领先地位。省内江河湖泊星罗棋布，有大小天然湖泊 400 多个，河流 2400 多条，湿地面积达 365.17 万公顷，占全省国土面积的 21.87%，其中绝大部分是天然湿地，可谓全国少有。各县市均有着悠久的历史文脉和各具特色的物产、自然资源，他们共同形成了内涵丰富、博大精深的赣文化圈。在历史上，无数的文人墨客都以不同的方式留下了对江西风土人文的赞美，他们或诗、或赋、或书、或画，为后世创作出一笔笔宝贵的精神财富。此外，江西历代也涌现出许多的杰出艺术家，从五代的董源到明末清初的八大山人、再到近代的傅抱石以及当代的黄秋园，可谓人文荟萃、俊采星驰。今天，江西的艺术家们遥接先辈的文采风流，正以自己的智慧续写新时代的灿烂华章，让我们真切感受到江西艺术代不乏人的自信与气度。近几年，江西的艺术家频频在国内外重大展事上取得佳绩，他们不断努力，推陈出新，以鲜明的艺术面貌和高质量的艺术水准，展现了江西艺术家们努力和实力。从一定意义上说，“百名画家画百县”正是以命题创作的方式，集中呈现了江西艺术家们近年来的整体艺术面貌，对广大人民群众来说，亦是一次别开生面、颇具意味的检阅和展示。

在中国美术史上，张择端的《清明上河图》声名显赫，它以细腻的笔调描绘了北宋汴梁的城市与人物风貌，随着时间的推移，《清明上河图》所具有的文化、历史价值越发彰显，甚至出现了“清明学”的诞生。同时，因张择端的这件作品，也在很大程度上促进了开封旅游业的兴盛，这就是艺术的魅力。2013年，江西省委、省政府把旅游产业确定为我省最有可能率先崛起的产业，提出了建设旅游强省的目标，我们应该充分调动包括艺术创作在内的各方资源，强化对外宣传、全力推进旅游产业综合改革和转型升级，努力提高江西旅游的知名度和影响力，让“江西风景独好”品牌走向世界。

“百名画家画百县”活动是一次以艺术的方式，宣传江西、展示江西、推广江西的有益举措。我们相信，“百名画家画百县”展览的举办，一定会有利于扩大江西旅游品牌的知名度，让“江西风景独好”越发深入人心。

（此文系写给“百名画家画百县”活动，2015年6月）

秀美山川徐徐来

江西，三面环山，北临长江，古称江右，今号赣鄱，因境内最大河流赣江纵贯南北而简称赣。位吴头楚尾，界荆杨之区划；居粤腹闽庭，扼八省之要冲。面积 16.69 万平方公里，奇峰叠簇，秀川纵横；人口 4500 万，英才辈出，灿烂华夏。千百年来，赣鄱儿女世世代代精呵山川风物、城乡瑰彩之神韵，博享“物华天宝，人杰地灵”之盛誉。1934 年，毛泽东同志激情写下“踏遍青山人未老，风景这边独好”光辉词句，表达了对风景江西的最高礼赞。

江西旅游资源丰富，景区景点璨秀绝特。山山钟灵毓秀、湖湖碧波荡漾、城城千古流韵、村村田园如画，是一块自然天成与人文造化完美结合的旅游宝地。江西旅游特色向称红色摇篮、绿色家园、古色厚土；旅游景区景点堪为星罗棋布、异彩纷呈、品质超群。2010 年以来，我走遍江西 100 个县，深深感受到赣鄱大地自然风光的秀丽、人文底蕴的深厚和风物人情的香醇。励精图治、奋发作为的江西人，为实现强省战略，依托其丰富的旅游资源，积极发展旅游产业。自 2011 年开展“江西风景独好”系列主题营销活动，突出的绝美风光使江西之名一时红遍大江南北，鲜明的旅游形象随着宋祖英美妙的歌声深沁国人心田。2013 年适时出台《关于推进旅游强省建设的意见》，欲完善各项旅游基础、接待服务设施，把江西打造成为全国旅游强省、海内外重要旅游目的地。当今，旅游已成为人们的一种重要的生活方式和价值追求，多少人行走在旅途，游憩在景区，生命不息、旅行不止，欣赏世间变幻的风景，创造人生独特的旅程。旅游景区，作为旅游业的核心要素，随着江西经济快速崛起和旅游产业迅猛发展而得到社会各界的高度重视与精心呵护，老景区提档升级焕发勃勃生机，新景区如雨后春笋不断涌现。出于对江西的挚爱和对工作的责任，为了充分构建江西独特的旅游文化，进一步宣传推介江西旅游，提升“江西风景独好”品牌形象，加快旅游强省建设，我提议由省旅游局组织力量编纂《江西旅游景区大全》，全面系统地展示江西旅游景区景

点的独特魅力与文化内涵，以期让更多的人通过图文并茂的精美诠释了解江西，让更多的人通过便捷舒适的立体交通进出江西，让更多的人通过周到细致的温馨服务游遍江西。

（此文系《江西旅游景区大全》序，2014 年 1 月）

厚重文化篇

文化江西的巅峰

江西在中国十大文化大省中排名第三，是因为它在中华文化的极盛之期——宋明时代取得了最高成就，一批文化巨人叱咤风云，为华夏文明的进程作出了无与伦比的巨大贡献。

江西，春秋属吴地，战国属楚地，秦为九江郡，汉为豫章郡。汉代的豫章辖区与后来的江西省大致相当。历南北朝至唐代，江西人文一直在深蕴厚蓄之中。宋代以来，江西人文蔚起、名人辈出。江西繁荣发达的古代文化，至少可以归纳为几个方面：一是文章节义之乡；二是禅宗的腹地；三是理学的心脏地带；四是诗人与词客的沃土；五为道教的重镇；六为经济与治术之地。

就文学而言，江西可谓“名家巨擘贤材荟萃，鼎钟野瑟相激百世”。正如近代学者梁启超所说：“我国里头四川和江西，向来是产生大文学家的所在。”从宋至明，江西文学如日中天，进入光辉灿烂的鼎盛时期，六百余年内，处于全国领先地位，英才荟萃，名家辈出，如群星璀璨，光耀中华，其壮观景象，至今仍令人们景仰和惊叹不已。

综观宋明文坛，在作家数量上，江西籍的最多；从作家队伍素质上看，江西作家中既不乏众体皆备、声名显赫的大家巨擘，也不乏独擅一体、技压群芳的名家高手；从宋明文学的历程看，由首开风气到蔚为大观，由中兴再起到傲然殿后，皆有江西作家之卓著勋绩；从宋明文学诗歌、词章、散文、戏曲四个主要领域看，江西作家都大有可书之笔。唐宋八大家有三家在江西，其中欧阳修列宋代六家之首，被尊为文坛领袖。王安石品高学博，不仅是历史上著名的改革家，也是诗文大家。曾巩的散文，公认一流。黄庭坚开创“江西诗派”。杨万里创造诚斋诗体。“宋词四大开祖”，晏殊、晏几道父子居其二。“元诗四大家”中，江西有虞集、范梈、揭傒斯三家。明代汤显祖被誉为“东方的莎士比亚”，提出“情至说”，创作出《临川四梦》，特别是《牡丹亭》，被评价为描写爱情的千古绝唱，代表了中国古典戏剧的最高成就。此外还有千古忠臣文天祥、中国首部百科全书《永乐大典》总编纂解缙等均是贤才大德。但总的来说，清代以后江西文学的影响不如宋明，江西文学的高峰渐次退潮。

就思想文化而言，宋元明三朝江西学者对中国思想文化的贡献，他省少见其比。以宋代而论，欧阳修直承韩愈，著《本论》发道学之端；刘敞经学独步一时。李觏著《周礼致太平论》于先，王安石得君行道于后，“荆公淮南杂说初出，见者以为孟子”。周敦颐长期在江西为官，晚年寓居九江，其学术流传自庐山濂溪而始。南宋朱熹依时而进，集历代学术思想之大成，形成儒学思想文化的杰出代表——朱子理学，成为宋以后统治中国封建社会的主导意识形态。鹅湖之辩，陆九渊与朱熹二分天下，挺立卓越。元代吴澄是一思想大家。而明代江西思想学术之盛，人物之多，更超越宋代。明初吴与弼、胡居仁学术之精，举世公认。而浙中王阳明倡致良知学后，江右王门成为其学术的主流。黄宗羲《明儒学案》里，王门学案，江西独占其九，人数达三十二人，浙中才占其五，江西学术在全国的地位，由此可见一斑。

唐宋以来，江西佛、道之盛，大德大师喷薄而出，开宗立派。江西是禅宗的定型之地。从净土宗慧远大师到青原行思、沩仰宗、曹洞宗和临济下杨歧、黄龙二系的列列龙象大德，可谓精光奇彩，美不胜收。纵观从行思、怀让到五宗鼎立的二百年间禅宗史，可以说禅宗的全部繁荣过程，其根源都离不开江西。作为宗派，洪州宗、沩仰宗、临济宗、曹洞宗、黄龙派、杨歧派，都有祖庭祖塔在江西。特别是禅宗发展史上的两大改革，“马祖建丛林、百丈立清规”，佛教发展的硬件和软件问题，都在江西完成。

江西是道教的发祥之地。江西道教源远流长，教派叠起，高道辈出，影响很大，在中国道教之中占有重要地位，尤其是在江南占有主导地位。现存道教分为正一派与全真派两大派别。正一派之源即在江西龙虎山，此为世人所公认。从中国道教创始人张道陵在东汉永元二年到江西龙虎山等地从事创教活动之后，江西有组织的道教开始发端，龙虎山遂成为道教发源地。江西还有伶伦、葛玄、葛洪、净明宗许逊、麻姑寿仙等美丽传说，他们修道炼丹、掷米成珠、救民水火、鸡犬升天的故事长久被人津津乐道。在历代封建统治者的大力扶植和利用下，江西道教各门派不断得到发展，特别是唐、宋、元、明时期达到了鼎盛。

在典章制度和科技务实层面，江西也做出了突出贡献。前者如马端临撰《文献通考》三百四十八卷，举凡田赋、盐铁、国用、选举、学校、职官、郊社、礼乐、名刑、经籍、封建、天文、物异、舆地、四夷等有关定国安邦之事，都一一通考，以备治国之用。后者如宋应星的《天工开物》，为知识技能之便利，是事关“利民用、厚民生”独树一帜的科技史书。

宋代以后，封建经济持续发展，活字印刷等发明极大推进了文化进步，知识分子的读书量超过唐以前的士大夫，政府也相应调整了文化管理政策。元朝建立了比任何朝代都要辽阔的疆域，加强了与亚、非、欧的交往，促进了文化交流。明朝采取休养生息政策，后期商品经济空前发展，开始出现资本主义萌芽，这些都为文化高峰时期的到来创造了条件。

为什么在这一重要时期，江西文化能够独领风骚，创造最高成就？江西文化发展有其历史源流。早在先秦时代，江西文化与全国先进地区的交流与传播已经展开。江西文化虽灿烂于宋明，但肇始于春秋。孔子的弟子澹台灭明当时就来到江西，在今进贤县的栖贤山设坛讲学，一时求学者络绎不绝，人满为患。东汉“下陈蕃之榻”的徐孺子，是豫章高士，名显一时。而东晋陶渊明，则是田园诗祖，他创造了人人心中的生活梦想——桃花源，成为中国古代文化的一座奇峰。唐代李白、白居易、王勃等人都对江西文化发展做过巨大贡献。

江西宋明时代的文化繁荣得益于经济中心南移和政治中心东移。自南北朝开始，江南地区有了较快的发展。隋唐以后，包括江西在内的整个南方地区经济更是长足发展，全国经济重心出现南移。全国政治中心也逐渐向经济重心靠拢，逐步从关中地区东移到洛阳、开封、南京、杭州、北京等地，江西与政治中心的距离和时间大大缩短。中原地区先后发生“五胡乱华”、“安史之乱”、宋金战争等三次大的长时期战乱，北方居民的大规模举族南迁，给江西带来了劳动力和先进的中原文化。到两宋时期，江西已经成为全国经济发展的先进地区，其人口之众、物产之富，均名列前茅。宋徽宗崇宁元年（1102 年），全国在册户口数为 2026 万户、4532 万口，其中江西地区为 201 万户、446 万口，约占十分之一，居各路之首。

江西这一时期的文化繁荣与这一历史时期江西交通的发展相关。当时由南海入中原的通道，即由大余梅岭而直下赣江水道的所谓使节之路，这一交通大动脉贯通后，触发了赣江流域的地气、人气和文气。随着国家的统一、社会的安定、经济的发展和交通的进步，江西得以用更快速度在更大的范围内与全国交流，众多的达官显要和文化名流频繁地进出江西，而江西学子们也纷纷走出江西，游学游宦，对促进江西文化发展和江西文人成熟起到了十分积极的作用。

江西文化的繁荣，也与江西的风土人情、历史传统、教育环境相关。江西人历来秉持耕读为本、诗书持家。政府设置学田，保障教育经费，“江右书院冠华夏”。教育的兴盛推动了科举的发达，江西进士占全国十分之一，宋代江西曾出现“隔河两宰相，五里三状元，一门九进士”的情形，“朝士半江西”。而古代众多的官员恰恰是文学大家的主力。

朱熹曾经论及江西人、江西文化，归纳为这样几点，第一是“志大”，即志向高远，有建立体系的气魄；第二是“耻于人同”，即江西的文化不喜欢依附他人，勇于建立有创新意义的新说；第三是“坚执”，即敢于坚持自己的学说，不轻易随时风而变，也不因有人批评而动摇；第四是“秀而能文”，就是文采飞扬，富于雄辩，文章出色。朱子所言，对今天江西的文化建设、对江西文化人的追求仍具有强大的激励作用。

赣鄱文化历史悠久、底蕴深厚。江西在宋明时代对中国文化发展的贡献是巨大的，江西文化名流巨擘的优秀成果不仅是中国古代文化的重要组成部分，更是江西现代文化的丰富源泉。有着独特精神标识的赣鄱儿女，更应坚定文化自信，加大对江西传统优秀文化保护、研究、普及力度，赋予新的时代内涵，使之绽放出更加绚丽的光彩。。

(2012 年 6 月)

赣鄱文化耀华夏

江西“物华天宝，人杰地灵”，有着悠久的历史和璀璨的文化。不仅名家大师辈出，而且其稻作文化、书院文化、陶瓷文化、宗教文化、药业文化、矿冶文化、建筑文化、茶叶文化、风水文化等，都富有鲜明特色。在中华民族文明史上，做出了重大贡献，产生了深远影响。

教育兴盛，人才辈出。“江右书院甲天下”，江西是古代书院的起源地，唐代德安东佳书院和高安桂岩书院是中国设立最早的书院之一。宋代白鹿洞书院名列中国四大书院之首，华林书院延四方讲席，鹅湖书院首创学术自由争辩之风，白鹭洲书院以人才辈出、延续办学800年而著称。江西的书院无论是数量、质量，还是规模、影响，均列全国前茅，约1000余所，迄今保存较完整的仍有85所。学校的兴盛推动科举的发达。自唐至清，

江西考中进士 1.05 万人，占全国 10.67%，其中状元 48 人。宋代多有一门数进士的情形，如王安石、曾巩、刘恕、孔文仲等一门三进士；洪迈一门四进士；婺源潘珏及子孙“一门九进士”；乐安流坑董氏家族一门同科五进士，时号“五桂”。明代常常是一科包揽一甲（状元、榜眼、探花），或是占据前十名的大多数。建文二年（1400 年）庚辰科一甲进士和永乐二年（1404 年）甲申科前七名进士均为吉安人，连续二科的三鼎甲均被吉安一府夺得，在中国科举史上空前绝后。自唐至清，江西人任宰相 28 位、副宰相 62 位，二十四史立传者 500 余人。明代有“朝士半江西”的说法，从解缙、胡广、杨士奇到费宏、夏言、赵汝愚、严嵩，

出任宰辅者达18人。

文章节义，相映生辉。江西素称“文章节义之邦”。“文章”指多著名文人，拥有开创文体及流派的文学大家和齐整的文学家阵容；“节义”指多刚正义烈之士。以诗而言，陶渊明开创田园诗派；黄庭坚创立江西诗派；杨万里创造诚斋诗体；王安石创半山体；“元诗四大家”，江西虞集、范梈、揭傒斯占其三。以词而言，《全宋词》收录江西词家174人，占全书作者12%；“宋词四大开祖”，晏殊、晏几道父子居其二，晏殊更有“北宋倚声家初祖”之誉；姜夔创立格律词派，或称骚雅词派，与辛弃疾豪放派齐名。辛弃疾南渡，客居上饶二十余载，80%的词创作于此。以文而言，唐宋八大家江西有三家，欧阳修、曾巩、王安石；刘攽、刘恕协助司马光撰修《资治通鉴》，任副主编；魏禧为清初“散文三大家”之一。以节义论，南宋洪皓出使金国，被拘十五年，不忘故土，被称“宋之苏武”。宋末元初，江万里全家投“止水”拒降；文天祥“人生自古谁无死，留取丹心照汉青”，以身殉国；谢枋得一门忠烈，毁家纾难，谥号“文节”。明清之际八大山人朱耷、易堂九子、髻山七隐、程山七子等隐居避世。唐宋时期德安“义门陈”创造了3900余口、历15代、330余年聚族而居，同饮共食，和谐共处不分家的世界家族史奇观，成为全国义聚楷模。文章与节义并重是江西士人遵循的人生信条和追求目标。

艺术殿堂，独领风骚。江西素有“瓷国明珠”之誉，古窑址、古陶瓷遍及全省。景德镇瓷艺以“白如玉、明如镜、薄如纸、声如磬”蜚声四海，享有千年瓷都之誉。特别是为元、明、清三代专门烧制宫廷用瓷的御窑，与长城、故宫一样，是中华民族的文化符号。明初形成的“弋阳腔”是南戏高腔戏曲的源头，对京剧、川剧等 40 多种地方戏的形成产生了巨大影响。明代汤显祖的《临川四梦》，尤其是《牡丹亭》代表中国古典戏剧的最高水平。汤翁也由此与英国的莎士比亚合称为“并世双星”。清代蒋士铨称乾隆间第一曲家。江西是历史上著名产茶区，因盛产茶叶在清中期逐渐形成的采茶戏，乡土气息浓郁。民歌种类丰富，有号子、渔歌、山歌、小调、灯歌等，以兴国山歌最为著名。音乐英才辈出，从神话传说中居住在南昌近郊洪崖丹井的音乐创始人、黄帝音乐大臣伶伦，到唐代永新县的大唐歌妃许合子，多独领风骚。宋以后，江西更成为全国音乐发展中心，姜夔、周德清、燕公楠、朱权、魏良辅等的音乐理论被音乐界视为“圣典”。江永所著《古韵标准》定古韵为十三部，为音韵学作出重要贡献。周德清的《中原音韵》是“中国国音之鼻祖”，成为当代推广普通话的基础。舞蹈有“中国古代舞蹈活化石”之称的傩舞，南丰、萍乡、万载、婺源傩舞尤为突出。绘画艺术多以开宗立派为己任，南唐董源、巨然为中国画南宗画派代表人物，宋代扬无咎墨梅在绘画史上影响深远。明末清初朱耷为世界级绘画大师，“燃起了全世界中国艺术的圣火”。书法以黄庭坚为最，与苏轼、米芾、蔡襄并称“宋四家”。

儒释道学，源远流长。春秋时期，孔子弟子澹台灭明进入江西，儒学随之传入。宋明时期，婺源朱熹上承程颐、程颢而集理学之大成，创造出完整的朱子理学体系，成为中国封建社会后期影响最大的思想家。金溪陆九渊是中国哲学史上有突出贡献的里程碑式的人物，成为理学另一支派——陆王心学的创始人。王阳明“知行合一”学术体系的形成和主要功业都发生在江西。由此可见，理学发源于江西，定型于江西，中国儒家思想的哲学化、体系化在江西最后完成。这是中国思想史上极有影响的大事，对中华民族性格、思维模式的形成具有重要作用。江西是中国佛教文化的一大中心，历史上有“求官到长安，求佛到江西”的说法。佛教净土宗始于晋代庐山东林寺高僧慧远。对唐代以后佛教影响很大的南禅，主要根据地在江西。禅宗五家七宗之中，三家五宗源于江西。“走江湖”的“江”实指江西。

不到江西，不能得禅宗之要。唐代“马祖建丛林，百丈立清规”，马祖道一和百丈怀海推进了佛教中国化进程，解决了佛教发展史上的硬件和软件问题。道教则有汉代张道陵、张盛在鹰潭龙虎山开创天师道，为传统道教主要支派。葛玄在樟树阁皂山创道教灵宝派，灵宝派阁皂山、天师派龙虎山、上清派茅山并称为江南道教三大名山。晋代许逊（许真君）是净明道祖师、治水专家，百姓建万寿宫祭祀。现万寿宫遍布全国及东南亚，曾是江右商帮的主要落脚点，几乎成了江西象征。

科学技术，光耀华夏。从青铜器时代到现在，江西对铜的生产和使用，在全国乃至世界都是数一数二的。瑞昌市铜岭铜矿矿冶遗址是中国发现的矿冶遗址中年代最早、保存最完整的大型铜矿遗址。新干大洋洲出土的青铜器表明，商周时期江西就有堪与中原媲美的青铜文明。北宋德兴张潜著《浸铜要略》，其后胆水浸铜技术大规模用于生产，成为冶金史和化学史上的一大发明。江西是世界农业发源地之一,万年县仙人洞、吊桶环遗址发现的距今1.2万年前的栽培水稻植硅石，成为世界上年代最早的水稻栽培稻遗存，表明江西人最早实现了水稻从野生到种植的转变，为人类解决吃饭问题进行了成功探索。元代广丰县尹王祯著《王祯农书》37卷，为我国古代“五大农书”之一，并收入《永乐大典》和《四库全书》。樟树的药材生产最远可追溯到三国时期的葛玄炼丹。至明成化年间，逐渐成为全国药材贸易集散地，现已是名副其实的南国“药都”。海昏侯墓的惊天面世表明江西古代墓葬文化的发达。明代宋应星著《天工开物》，成为中国科学史的巨匠。从汉代开始，江西就是内地重要的造船基地，参与建造郑和下西洋的宝船。龙泉（今遂川）郭氏父女创龙泉码，为传统木材贸易作出重大贡献。明朝中叶，铅山成为江南手工业造纸中心。清代建昌（今永修）雷氏世代为皇家建筑设计师，“样式雷”发明了“烫样”，建造了圆明园、颐和园及众多的宫殿、皇陵，名扬中外。婺源齐彦槐为著名天文学家。明代鄱阳瓦屑坝百万大移民，“江西填湖广”，为中华民族的发展做出了巨大贡献。江西历史上亦多术数名家，赣派风水奠基人杨筠松、赖布衣、廖均卿等，均是中国风水术大师，他们居住的兴国县三僚村被称为中国风水文化第一村，反映了赣人为学的多样性。

江西自古多有勇于创新、敢为人先、埋头苦干的人杰，江西之学确有开拓创新、务实求真之传统，这是江西历史文化中一笔宝贵的遗产，值得我们发扬光大。

(2012 年 7 月）

文化创意与文化发展

加强文化建设，是提升软实力，促进经济发展，满足人民精神需求的必由之路。江西是文化资源大省，自古以文章节义之邦著称。汉以后至明代，尤其是宋明时期，江西经济、科技、文学、宗教、教育等空前繁荣，大家继起，英才辈出，盛极一时，俨然成为当时社会的文化中心和中央政府的主要人才库，占据了中国传统主流文化的制高点。进入现代以来，江西的“四大摇篮”“小平小道”，开创中国社会发展的新纪元，形成了光辉灿烂的“红色文化”。这些独特的文化资源为现今的发展提供了最为宝贵的精神财富。

然而，随着国际国内经济文化交流的频繁发生和现代科学技术的迅猛发展，我们能够深切地体会到，独特的文化资源可能为一个地方所独有，却不必然为一个地方所独享。要把自身的文化资源优势转变为当地的文化产业优势和文化生产力，尚需大力增强文化自觉和文化自信，充分发挥文化智慧，大力发展文化创意。近年来,江西文化人以挖掘和弘扬赣地文化为己任，在各级党委政府的支持下，创意和策划了一系列原创性的经典文化活动、精品文化项目和著名文化品牌，这些宝贵的创意既体现了历史的积淀，又蕴含着时代的创新，为江西文化的发展繁荣，乃至经济的发展繁荣做出了重要贡献，非常值得去研究和总结。

在这方面,《美自创意：江西文化名人谈》做了一个很有益的探索。该书尽管不是文化创意的理论专著，但结合多年来江西诸多文化项目策划，撷取若干经典案例，分远古文化、窗口文化、节庆文化、经典文化、旅游文化五个篇目，整理和精选了在文化创意过程中，一批文化艺术专家、学者的论述和中央有关部门、省委省政府有关领导讲话摘要，真实地记录了这些文化活动和文化项目的决策、研究、论证过程，充分展现了创意的成功。我想，至少在以下几个方面是可以供读者借鉴的：一是创意目标上，立足本地，放眼世界，力求达到一流水平；二是创意要求上，精心策划、精益求精，坚持高标准、严要求；

三是创意组织上，实行领导、专家、学者结合，注重发挥集体智慧的作用；四是创意操作上，调动精兵强将，汇集各方人才，充分发挥创作者、工作者的积极性。正因为这样，他们开展的诸多文化活动，融思想性、艺术性、观赏性为一体，其中有些活动既有本土性又有国际性，对于江西弘扬传统文化，打造文化品牌，发展特色文化，建设精神家园，产生了积极而广泛的影响。

“文化引领时代风气之先，是最需要创新的领域。”随着党的十七届六中全会和省第十三次党代会精神的贯彻落实，我省正在加快文化体制改革，加强文化人才队伍建设，努力建设特色鲜明、影响广泛的文化大省，为建设富裕和谐秀美江西努力奋斗。在这一新的历史背景下，我们要更加深刻认识文化创意的重要意义，更加与时俱进，加倍努力，不断完善有利于文化创意的体制机制，培育勇于担当的文化企业和文化人才，打造具有全国乃至世界水平的创意品牌，调动方方面面的积极因素，推动江西文化的大发展大繁荣。

（此文系《美自创意：江西文化名人谈》总序，2012 年 5 月）

说给世界听的中国故事

在人文日新的历史长河中，人杰地灵的江西是中华文化版图中的一方特出之地。景德镇，当之无愧称得上是其中一颗璀璨的明珠。秉承水土宜陶的天然优势，更有赖于无数人士开物成务的求索与创造，以公元 1004 年宋真宗赵恒因感于该地所产贡瓷色质如玉，而以年号“景德”赐镇为转折点，这座“窑火通明两岸红”的南方小镇，创造出了天下称颂的传奇。历经千年来奔流昌江、熊熊窑火的水火淬砺，她以“白如玉、明如镜、薄如纸、声如罄”的瓷器扬名四海，凭着代有超越、蒸蒸日上的制瓷业，成就其“千年瓷都”的巍然地位。从文化的角度来审视，景德镇及景瓷更以其玉质金声、高品洁性，升华为中国文化的标志性徽章与符码。和柔软光洁的丝绸一样，玉骨冰胎的景瓷浑身散发出的典雅气质、精美神韵，折射出中华文化独有的人文内涵。不同的是，丝绸易朽而瓷器恒存。即使在历史的沧桑劫波中被重创成碎片，景瓷仍然顽强地闪烁着文明之光。“China”与“china”这一众所周知的称谓叠合，昭示着西方欧美世界长期通过景瓷这一内敛而高贵的器物来感受中国人文质地的历史。风靡世界的景瓷，为国人赢得多少骄傲与荣光！

令人尴尬的是，随着现代工业的转型、政治格局的变化以及全球化潮流的席卷，在农耕文明时代推陈出新而登峰造极、在新中国成立后顺应时代创获工艺新局的景德镇制瓷业，此后一直面临着国内其他新兴产地乃至域外的挑战，悲壮地陷入低谷。记得有志于重振景瓷的现代名人杜重远当年曾说，景德镇乃我国第一产瓷名区，亦世界瓷业之发源地，其景况之隆替，非特关乎民生之枯荣，抑且关于文化之兴衰，国人对此当甚关心。以昔鉴今，深谓前贤言语之沉痛。今天屡说“逝去的辉煌”的局面，着实让景德镇人坐立不安，也让他们困知勉行，努力寻找新的突围机遇以重振瓷都雄风。

老树着花，馥郁弥香。令人欣喜的是，近年来，景德镇逐渐呈现出可喜可贺的活力生机。作为中国乃至全球唯一一个以陶瓷文化为主题的5A级景区，景德镇古窑民俗博览区不仅完

整地保留了全世界绝无仅有的传统手工制瓷技艺，而且还成功复原、复烧了清代镇窑，明代葫芦窑，元代馒头窑，宋代龙窑等景德镇历代典型瓷窑。全国乃至全球各地成千上万的艺术家，怀着朝圣的心情，追随前贤的旧踪，来到景德镇寻找艺术之梦与文化发展机遇。他们以特有的历史感受与艺术实验精神，融会绘画与瓷画，开创多种多样的瓷艺新形式，与时俱进地探索出文化产业化新途径。这种业态的新变与人员的汇集，形成全国瞩目的“景漂”现象，印证着在当下大面积都市化这一大背景下景德镇作为“千年瓷都”的恢宏底气与氤氲地气。它不仅意味着“工匠八方来，器成天下走”这一历史盛景的重现，意味着计划经济时代景德镇传统工艺衰败后的新生，更意味着一种在陶瓷工业与旅游产业、经济与文化产业、历史文化与现代文明等方面融合发展的创新模式。伴随着现代经济增长方式的转变，中国的文化产业面临着前所未有的良好的宏观环境与发展机遇。党的十八大提出，到2020年，全面建成小康社会，文化产业成为国民经济支柱性产业，完善公共文化服务体系。在拉动国民经济、产业结构调整与升级、增加就业、提高国家产业整体竞争力等方面，以创意为核心的文化产业有着更大的发展空间。从这一时代大背景来看，景德镇可以说面临着自宋代建镇、新中国升级为省辖直辖市以来的第三次利好的历史转折点。如何全面保护历史文化遗址遗产，完善陶瓷产业、陶瓷文化创意产业及旅游业的支撑服务体系、公共技术服务体系，通过对文化创意产业的扶持、文化资源的合理配制，加快文化产业创新，推动景德镇由工艺美术之城转型为艺术之都，提升其全球陶瓷圣地的影响力，成为摆在景德镇乃至江西省面前的一道大考题。景德镇规模庞大、完整复杂的古瓷业体系及其所蕴涵的“千年瓷都”非凡的文化底蕴这一得天独厚的历史资源，正期待我们今天去赋予她新的生命。这也是对中华优秀传统文化深度挖掘阐发并进行创造性转化、创新性发展，融会优秀传统文化与时代精神而提升文化自觉、增强文化自信、实现文化自强的一个典型个案，一次努力探索。

自从2010年到江西工作以来，我走遍了江西所有的县域，对这方水土优美的自然风景与悠久的人文历史深怀感情，对景德镇作为江西特色独具的历史名城的发展与涅槃新生多有期待。作家、学者胡平先生，他的作品以关注历史、思想深刻而广为读者称道。此次他以贴近现实与脚下热土的赤子情怀，深入调查，创作出长篇报告文学《瓷上中国》。作品将景德镇置放于历史与现实，国内与国际以及工艺、政治、经济、文化等多种维度中来考察，既展示了景德镇瓷业、瓷文化的辉煌历史，更对其当下探索求变的现实以及无限可能的未来进行探讨与呼吁。我能深切地感受到这本书的分量，感受到作者炽热的现实情怀、敏锐的问题意识与深沉的建设性思考。我把这部优秀作品不仅当作 4500 万江西父老求变求进的强烈心声的代表，更当作推动我做好工作的一种鞭策与镜鉴。记得洪迈的《容斋随笔》中曾记载，北宋的浮梁县令许彭年为政清廉，从不以权谋私购买瓷器。高中状元、后来官至吏部尚书的浮梁人彭汝砺因此写诗揄扬："浮梁巧烧瓷，颜色比琼玖。因官射利疾，众喜君独否。父老年叹息，此事古未有。"景瓷如美玉，这是一种巧夺天工、千古惊艳的工艺创造，更喻示与象征着一种洁身自好、不以官射利而为民造福的精神。每读至此，我不免由物及人，油然生出一缕对历史的温情与敬意、对天地造物的感恩与爱惜，也更明白自己的责任与担当。借阅读《瓷上中国》这本书的机会，写下以上感想，权作为序。

（此文系《瓷上中国——China 与两个 china》序，2014 年 5 月）

让书香飘满赣鄱大地

又值江南四月，绿荫婆娑、百鸟啾鸣，姹紫嫣红、莺飞燕舞。我们相邀在美丽的赣江之滨，鸿儒谈笑、共品书香。这既是一次文化交流的盛会，也将是一场全民阅读的饕餮盛宴。

本次论坛是我省今年全民阅读系列宣传活动之一，以“读万卷书、筑中国梦”为主题，把全民阅读与中华民族伟大复兴的中国梦联系起来，定位准确，立意深远。期待嘉宾围绕主题发表真知灼见，为推动全民阅读活动、社会主义先进文化建设和实现文化强省建言献策。

全民阅读是继“阅读危机”成为全球性的文化现象后，世界各国先后推广的提升全民阅读能力与水平的阅读运动。1982

年联合国教科文组织提出“建设阅读社会”的目标，1995年联合国教科文组织将每年的4月23日定为“世界图书与版权日”，呼吁各成员国的学校、图书馆、出版社，举办各种活动以唤起世人重拾阅读的兴趣。1997年美国政府掀起“阅读挑战行动”，时任总统克林顿亲自作“美国阅读挑战行动报告”。2006年葡萄牙推出“国家阅读计划”。2012年俄罗斯制定《民族阅读大纲》，保证读书人数快速增长。

在我国，党的十八大报告提出“开展全民阅读活动”。这是党的报告中第一次提出全民阅读的号召。今年第十二届全国人大第二次会议上，“倡导全民阅读”首次写入政府工作报告。由此可见，全民阅读活动正越来越引起重视和推广。

那么，如何有效推广全民阅读活动，我认为，关键要重视解决“三个问题”：首先，解决读什么问题，提供更多更好的优秀读物；其次，解决怎么读问题，推动传统阅读与数字阅读融合；第三，解决读多久问题，提升全民阅读活力。借此机会，我想着重讲一讲如何解决这三个问题，与大家一起探讨。

一、提供更多更好的优秀读物

首先，要搞清楚什么是优秀读物。人类几千年的文字文明史中，曾经出现过的书籍称得上是恒河沙数，但真正的优秀读物，可谓是凤毛麟角。这其中的名著和经典，作为各民族文字表达的典范之作，其影响潜移默化地沉淀在个人的行为举止中，成为一个人思想中最深沉的基质，塑造了一个民族的文化底蕴，注解着时代的精神风尚。这些理所当然是优秀读物，并一直为读者所推崇。当然，优秀读物不仅局限于名著和经典，还有很多畅销书等，不仅仅是纸质书，还包括数字作品。这其中仁者见仁、智者见智，萝卜青菜，各有所爱。但是，离不开共同特点，就是都要有思想内涵，体现社会主义核心价值观，传承社会主义先进文化，有助于开拓视野、增长知识、提高素质、陶冶情操，适合大众阅读。典型的就是像上世纪 80 年代三联书店出版的《悲剧的诞生》《存在与虚无》这样的学术著作可以卖到几十万本,《傅雷家书》更是卖了 150 万册。还有《于丹〈论语〉心得》一书获得了世界知识产权组织的版权金奖，国内累计销量已达 600 余万册。我们二十一世纪出版社集团出版的郑渊洁《皮皮鲁总动员》累计印数超过 2000 万册。现在我国每年出版图书 30 多万种、71.7 亿册，报纸 500 多亿份、杂志 35.4 亿册、电子音像产品 4.43 亿份和上千亿元规模的数字出版（包括网络出版）产品。当前，我国的图书、报纸出版发行居世界各国第一位,电子出版读物居世界各国第二位,印刷能力居世界第三位,优秀读物、精品力作越来越多，影响力越来越大。

其次，要搞清楚优秀读物与推广全民阅读的关系。全民阅读活动能否取得实效，全社会阅读风气能否形成并持续发展，最根本的前提条件是有没有能吸引人们去阅读的优秀文化产品。高质量、高文化价值的读物，人们自然会竞相购买、一睹为快，“洛阳纸贵”就是讲的这个道理。一方面，全民阅读活动能够有效促进优秀文化产品的生产，另一方面，优秀读物才是带动全民阅读的根本条件。前者是被动的，后者是主动的。全民阅读活动对阅读产品的生产提出了更高要求，我们的新闻出版部门要增强主动性、自觉性、紧迫感和责任感，努力生产更多更好的产品。“问渠那得清如许，为有源头活水来”，没有好的读物，全民阅读就成了无源之水、无本之木。

第三，要搞清楚优秀读物的目的意义。优秀读物的意义在于它提供的信息，更加接近“知识”，而非一般意义上的信息，更不是大众所追逐的娱乐。通过阅读优秀读物接受知识的过程，通常正是对人们思维方式和对世界把握方式的训练，是思想的形成过程。这种不可替代的思维训练才可能帮助人们思考和形成大智慧。这也是推广全民阅读活动的目的所在。

二、推动传统阅读与数字阅读融合

无论是传统阅读的更新升级，还是数字阅读的内容丰富，以至于两者的包容，都离不开全民阅读这个先决基础。如果没有受众，就无法实现阅读的完成。因此，要加快推动传统阅读与数字阅读融合，满足受众的需求。

首先，充分认识传统阅读的重要性。阅读可以丰富一个人的有限人生，阅读可以涵养一个民族的精神气质，阅读可以铸就一个国家的文化根基。传统阅读与人才成长息息相关。而对人才的成长，我们通常概括为三句话：第一，读万卷书；第二，行万里路；第三，交四方友。这三句话是根据我们以往几千年的传统文化得出来的经验，统一在阅读之中，缺一不可。“读万卷书”，就是要不断地学习，不断地阅读，把读书看作是“立身”之本。“腹有诗书气自华，读书万卷始通神”，阅读本身已经具有了某种文化传统的意义。“忠厚传家久，诗书继世长”，则是民间读书传统源远流长的生动写照。“行万里路”，就是通过实践获取知识，检验阅读成果，补充我们阅读中的不足。这也是一个人在阅读与实践中不断提高的过程。很多人都是在行万里路的过程当中，找到了真实而直观的知识点，然后写出文章，供他人阅读学习。“交四方友”，就是结交饱读诗书的朋友，共同分享阅读快乐，共同增长知识。阅读是无比重要的，每一个人都离不开。他人的知识也来源于阅读，可以起到相互补充、相互借鉴、相互交流的作用。由此可以看出，人类发展史就是人类的文明进步史。而文明薪火相传，一个最重要的途径就是阅读。阅读前人的文明成果，使文明也就是我们所说的一切文化作品得以代代相传、连绵不绝，由此构成社会发展和文化创新的现实基础。

其次，数字阅读正在改变人们的阅读习惯。现在每天约有数十亿信息单元的信息量向世界发送，并以每年 18%-20% 的递增率发展。由中国新闻出版研究院组织实施的第十次全国国民阅读调查结果显示，2012 年 18 至 70 周岁居民数字阅读方式的接触率为 40.3%，比 2011 年上升了 1.7 个百分点，32.6% 的居民进行过网络在线阅读，上升 2.7 个百分点；31.2% 的进行过手机阅读，上升 3.6 个百分点；人均阅读电子书 2.35 本，比

2011 年上升 65.5%。数字阅读正凭借难以估量的速度迅速进入每一个人的生活，它不仅创造了新的阅读方式，改变了传统的阅读习惯，同时，也深刻影响着图书的创作、编辑、出版等一系列环节。在此背景下，代表传统阅读方式的纸质书正在逐渐失去了其原有的地位，甚至有面临消失的可能。同时，日常习惯的数字阅读大多止步于提供信息，以浅阅读和快阅读居多，而较少涉及层次更高的知识、思想和理论，缺乏深层次思考。

第三，全面应对“阅读危机”。“阅读危机”是传统阅读与数字阅读激烈交锋后全球性的文化现象。什么是阅读危机？主要表现在国民阅读率的降低、文学阅读比率下降、人均购买书刊数量和阅读时间减少。“阅读危机”,其实是一种“功利危机”。这种“功利性”，除了指读书的“工具性”增强之外，还有一个极端表现，就是阅读的“消费主义”，视觉的冲击让我们的思考产生了惰性，不愿再花费精力去理解语句的内在逻辑和深层意蕴，而只在乎它能不能给自己带来快感。在移动互联网改变我们阅读行为，并直接引发“阅读危机”的时代，我们不应回避这一挑战，更应寻找数字阅读时代新技术给阅读带来的机会。数字阅读挑战着传统的阅读消费模式，但又催生着新的阅读消费文化。我们一定要把握这个时代的阅读新变革，善于从阅读变异的萌芽中找到产业发展的可能机会。多元化的手段，多介质的传媒，一切都为阅读推广提供了过去难以实现的可能性，为化解“阅读危机”提供了更多途径。博客、微博、微信，各种专业非专业网络，加上传统媒体，立体化推广阅读应该成为我们的基本准则。让阅读信息最为准确、有效地传递到读者目标，这是我们推广全民阅读的出发点。

此外，由数字信息碎片留下悬念，由数字信息引导进入传统阅读是我们在推动传统阅读与数字阅读融合过程中，应该着力解决的新问题。网络上试读、试看的方式对于畅销书、消遣书可能有效，但对于读者进行深阅读，怎样使之成为关注话题，怎样成为读者自觉选择,应引起我们高度关注。就像电影中的“大片”一样，从投资到编剧、演员、导演等，一切引起观众关注的要素完全可以形成深阅读的关注元素。作者、出版机构、稿酬、观点、争议……这些元素到达读者脑海时，深阅读的可能就会具备。从根本而言，要让文化价值依赖深阅读得以体现，这才有助于读者自觉选择深阅读。介质和形式的改变并非“深阅读”或“浅阅读”的根本影响因素，读者感兴趣，进而喜爱，才有可能由浅入深进入阅读世界。

科技发展改变了人们的生活方式，自然也改变了阅读方式。

当我们进入移动互联时代时，我们会不由自主地发现，陶醉于经典阅读的时代已然离我们远去，那些沉淀着历史文化精华的书籍，正在经受阅读方式改变带来的落寞和疏冷。浅阅读、碎片化阅读、实用式阅读，这些移动互联时代阅读方式的改变向传统阅读发出了挑战，也催生着阅读变革。但无论形式怎么改变，形态怎么多样，阅读的内在价值却并未受到颠覆。尽管阅读本身面临着冲击和挑战，但很难想象，一个国家一个民族，如果遗忘了阅读或者淘汰了阅读，这个民族思维会如何呆滞，思考会怎样萎缩。习近平总书记多次提到全党干部要“学习，学习，再学习”，其实，这不妨可以理解为最基本、最恒定的“阅读，阅读，再阅读”。

总之，真正的阅读应当是线性的、连续的，带着生命的体温，它标志着一个民族的思想深度和高度，对文化传承、国家发展具有重要意义。现实表明，传统阅读仍然拥有广泛的读者，它所提供的阅读舒适性仍是独一无二的。而大多数读者也依然对传统阅读有着强烈的适应性和习惯性。不可否认，数字阅读必将成为一种重要的、常见的阅读方式，但是，它的碎片化、娱乐化特征不能满足读者深度阅读的需求。所以，数字阅读与传统阅读之间不应当是非此即彼、你存我亡的关系。作为普通读者，应当充分认识并利用两者各自的优点为阅读服务，提升阅读的效率和质量，满足不同的阅读需求。

或许，数字阅读和传统阅读将会长久并存下去，从而无形中扩大了我们的阅读选择范围，增多了我们的阅读时间，而最终获益的是每一个真正热爱阅读的人。

三、提升全民阅读活力

近年来，在省委、省政府的高度重视下，全民阅读活动作为一项重要的公共文化服务，倡导阅读风尚，引导阅读方向，贴近基层群众，创新形式内容，全省上下热爱读书、崇尚读书的良好社会风尚正在形成，书香社会建设初显成效。随着全民阅读活动的深化，各地各有关部门要进一步加强领导，创新形式，全面提升全民阅读活力。

首先，要做好中长期工作规划。各地各有关部门要按照党的十八届三中全会《决定》对推进文化体制机制创新做出的重大战略部署，研究制定未来五到十年我省全民阅读活动的工作规划，明确基本内容、主要措施、目标任务、实施步骤等，增强工作的计划性、科学性、有效性。既要把全民阅读作为加强公共文化服务和提高公民科学文化素质的重要抓手，又要把全民阅读与促进社会主义先进文化建设、培育和践行社会主义核心价值观、巩固全党全国各族人民团结奋斗的共同思想基础紧密结合起来，尤其要与实现“中国梦”教育紧密相连。2014 年 3 月 27 日，习近平总书记在巴黎联合国教科文组织总部演讲时指出,“中国人民正在为实现中华民族伟大复兴的中国梦而奋斗。实现中国梦，是物质文明和精神文明均衡发展、相互促进的结果。没有文明的继承和发展，没有文化的弘扬和繁荣，就没有中国梦的实现。实现中国梦，是物质文明和精神文明比翼双飞的发展过程”。中国梦的实现应该以全民阅读作文化支撑和价值追寻。在这种意义上，全民阅读是中华民族复兴发展的最为重要的文化基础。只有当阅读成为全民的文化习俗和内在需求时，传统文化才能依附其间焕发出思想的光芒。如果没有广泛的阅读，民族精粹就不可能有文化的回应，就无法传承历史、传递智慧。

其次，要转变阅读观念。在美国有一个笑话，说全世界的钱都在美国人的口袋里，而美国人的口袋在犹太人的脑袋里。犹太人在金融、科技方面取得了巨大的成就，很重要的一个原因就是犹太人是最善于阅读的民族。犹太人对书的崇敬近乎宗教。犹太人生下来就要在涂了一层蜂蜜的圣经上舔一下封面，让孩子知道书是甜的。他们还喜欢将书放在枕边和过道上，可随时翻阅。而在德国，孩子从出生就有婴儿书陪伴。当然这些书大都是塑料书或者是布做的，孩子可以把书带进浴缸，看小书漂浮。这是孩子阅读的第一块基石。这些都是诱导或者休闲式阅读。而中华民族素有开卷有益、崇尚读书的优良传统。中华文明之所以5000年连绵不断、一脉相承，以书传史，读书学习是一个重要原因。历史上，“悬梁刺股”“囊萤映雪”“凿壁借光”“程门立雪”等刻苦读书的感人故事不胜枚举，都是激励我们用功读书学习的。“数间茅屋闲临水，一盏秋灯夜读书”，让人感受到唐代刘禹锡阅读时的闲适与宁静。“青灯有味似儿时”，则是南宋陆游追念儿时读书的情景。将中外读书情形做一番比较,不免让人感慨：有时我们过于强调“苦学”而忽略了“乐学”，过于强调“正襟危坐”而忽略了“随性阅读”,过于强调读书的“功利性”而忽略了它的“功能性”。这就使得阅读难以融入到我们的血液中，难以成为我们生活的一部分，而过于浓烈的功利色彩亦极有可能将知识庸俗化，将读书引入歧途。因此，推广全民阅读活动，就是要带着快乐去阅读，转变过去僵硬死板的阅读观念，培养阅读习惯、阅读乐趣、阅读风尚，让心灵俯就于经典，让人的灵魂与书的灵魂对话，自能积累底蕴、提振精神、修身明理、洞悉人生，滋养自己的精神世界，领悟时代使命。要带着问题去阅读，与实际工作结合起来，指导实践，解疑答惑。要带着记忆去阅读，通过科学的比较分析，进而领会不同时期的阅读成果，掌握阅读精髓。大家知道，上世纪六七十年代的时候，当时有一个口号“把荒山变成金山银山”，后来演变为“既要金山银山，又要绿水青山”，再到“既要金山银山，更要绿水青山”，现在提出“宁要绿山青山，不要金山银山”，“绿水青山就是金山银山”，就是这简单的四句话，阅读当中一对比，发现在生态保护与经济发展关系上的重大变化。这种发现就是阅读的妙处。

第三，要养成阅读习惯。人的一生是有限的，直接向别人学习的经验也是有限的，但是通过阅读间接向别人学习则是趋于无穷的。因此，阅读习惯就显得尤为重要。我曾读到过这样一组数据，2012 年中国的人均图书阅读量是 4.3 本，韩国是 10 本，俄罗斯超过 20 本，美国 40 本左右，以色列 60 多本书。从这个层面而言，中国的阅读氛围是比较淡的。有观点认为，自现代出版业兴起以来，国人的阅读习惯就没有被真正培养起来，也就是说，阅读风气并没有所谓的逐渐弱化、淡化，而是一直就没有形成。作为一种伴随深入思考的文化活动，阅读习惯并不是自然而然就能养成，需要有意识的培育才能实现。要在全社会营造“读书好、好读书、读好书”的良好社会氛围，使全民阅读的理念深入人心，使热爱读书的习惯蔚然成风。要进一步整合促进全民阅读活动的社会动员机制，广泛开展读书征文比赛、优秀图书推荐、作品朗读会、图书捐赠等生动活泼的读书活动，使全民阅读工作开展得更加有声有色、卓有成效。要分层次为广大公众提供阅读指导。婴幼儿是奠定阅读习惯的基础阶段。要真正从娃娃抓起，像关心孩子身体成长一样关心孩子的精神发育，多让孩子接触图书，多陪孩子朗读图书，形成浓厚的家庭阅读氛围。

第四，要走群众路线。全民阅读活动离开群众基础，只能成为文件活动。要围绕群众，为了群众，服务群众，立足于江西经济欠发达、物质和精神文化生活相对贫乏的客观实际，先做好打基础的工作，解决人们对全民阅读的思想认识问题，培养阅读习惯，从而把读书当成一种生活方式。要按照基本公共文化标准化、均等化要求，加大广大农村、边远地区、企业、社区的文化设施建设和文化普及力度，让最困难的那部分群众也能接受标准化、均等化的公共文化服务，实现阅读的均等化。

近年来，从中央到地方，各级政府先后投入了180多亿元建设农家书屋工程，建成标准农家书屋60多万个，160多亿册图书到了农家书屋。我们要重视和发挥我省17333家农家书屋在全民阅读活动中的积极作用，更加关注农民阅读，在广大农村培养阅读习惯。我省全民阅读的条件和阅读量与周边省市相比，平均公共图书馆拥有量、年人均阅读量、出版物消费量都有较大差距。要学习借鉴国内外先进经验，在新的历史条件下，把崇文重教的读书传统发扬光大。

江西自古素有“物宝天华，人杰地灵”的美誉，是文章节义之邦。江西人历来很会读书，过去很多大户人家的门楣上都写着：“耕读为本”“诗书持家”。从孔子开私学之风，孔子弟子澹台灭明游学南昌，结草为堂，授徒讲学，此后江西书院蓬勃兴起，历代书院足有1200余所，数量之多居全国之首。白鹿洞书院学规成为后世书院准绳；鹅湖书院首开学术自由辩论之风；白鹭洲书院绵延800年，至今兴学不衰。由于书院之兴，宋代饶州（现上饶）读书蔚然成风，洪迈在《容斋随笔》中的记载：饶州“为父兄者，以其子弟不文为咎；为母妻者，以其子与夫不学为辱，其美如此”。明代吉州（现吉安）“序塾相望，弦诵相闻”，“人无贵贱，无不读书”，以至“三尺童子，稍知文章”。

江西悠久的读书之风，众多才子灿若繁星，造就了陶渊明、王安石、朱熹、汤显祖、胡先骕、陈寅恪等一大批读书榜样，留下了一大批经典名著，如解缙编纂的《永乐大典》、宋应星作的《天工开物》等。这些读书成风的优良传统，为我们今天的阅读留下了宝贵财富。

古人云：“布衣暖，菜根香，诗书滋味长。”阅读是有味道的，而且味道各不相同，我们该去慢慢地咀嚼，细细地品味，让那淡淡的香甜流进我们的口角，流进我们的心田。让我们行动起来，推广全民阅读活动，复兴江西阅读在全国领先位置，让书香飘满赣鄱大地，让阅读筑就中国梦！

（此文系在“全民阅读”活动泰豪论坛上的主旨演讲，2014 年 4 月）

阅读改变人生

读书是人们更新知识、获得智慧的基本方法，是国家和民族传承、发展的基本途径。国民阅读力和阅读水平在很大程度上决定一个民族的基本素质、创造能力和发展潜力。对于个人来说，阅读不能改变人生的长度，但是可以改变人生的宽度；阅读不能改变人的物象，但是可以改变人生的气象。对于民族和国家来说，一个民族、一个国家的竞争力不仅取决于它的物质力量，也取决于它的精神力量；一个国家、一个民族的精神力量，不是取决于这个民族的人口数量，而是取决于它的知识的力量。

社会阅读氛围的形成，需要全体国民阅读习惯的养成。而阅读习惯并不是自然而然就能养成，需要有意识地培育才能实

现。有研究表明，一个人在13岁最迟15岁前如果养不成阅读的习惯和对书的感情，那么他今后的一生中，将很难再从阅读中找到乐趣，阅读的大门可能会永远对他关闭。因此，养成阅读习惯是一门科学，要按照规律、提供条件，帮助更多的人养成这种习惯。全民阅读活动就是一个有意识培育国民阅读习惯的工程。当前，政府主导推动全民阅读已成为世界潮流，美国、德国、英国、日本、韩国、俄罗斯、新加坡等国都将其视为国家综合实力的核心要素之一，通过政府立法、设立专门机构、国家元首亲自倡导等各种方式推进国民阅读。

近年来，党和国家从实现中国梦和落实“四个全面”战略布局的高度，把“全民阅读”上升成为国家战略，全民阅读问题已经引起广泛重视。继党的十八大第一次历史性地把“开展全民阅读活动”作为扎实推进社会主义文化强国建设的重要举措之后，“倡导全民阅读”连续两年写入政府工作报告并做出具体部署。习近平、李克强等党和国家领导人更是多次在公开场合倡导阅读。但是与发达国家相比，我们的差距仍然很大。作为世界上最大的图书生产国，我们却又是人均阅读量最少的国家之一。2013年我国出版图书44万余种，但人均图书阅读量仅为4.77本，远低于以色列人均64本、俄罗斯人均55本的水平。

在强调提高国民素质、提高国家综合竞争力、促进社会走向和谐文明的今天，贯彻实施好全民阅读这一重大战略部署显得尤为重要。

我们要积极倡导为实现中华民族伟大复兴而读书，为推动全民阅读注入强大动力。实现中华民族伟大复兴，是中国人民的世代夙愿，承载着中华儿女的共同期盼。这一伟大梦想的实现，需要有素养、有智慧、有远见、有创新精神的每个中国人的共同奋斗。近代以来中华民族饱受屈辱的历史，促使先进知识分子自觉把读书与中华民族存亡兴衰联系起来，发出了“为中华之崛起而读书”的呐喊。在全球竞争日益激烈、国际环境越来越复杂、各种思潮价值观念碰撞、科技文化发展日新月异的当今世界，我们需要继承前辈先贤们的优良传统，把读书学习当成一种生活态度、一种工作责任、一种精神追求，不断丰富自己、充实自己、提高自己。从小处讲，要倡导读以养心，读以益智，读以添雅；从大处讲，要倡导读以资政，读以报国，读以经世，并以此来增强读书动力。

我们要大力加强版权保护，为推动全民阅读提供坚实保障。在“世界读书日”之际，我们强烈呼吁版权保护，提倡正版阅读、付费阅读，不仅是“世界读书日”的应有之义，也是加强“书香社会”建设的基本要求。“世界读书日”，在联合国教科文组织所确定的官方名称是“世界图书和版权日（World Book and Copyright Day）”。1995年确定的这项国际性活动的主旨宣言是：“希望散居在全球各地的人们，无论你是年老还是年轻，无论你是贫穷还是富有，无论你是患病还是健康，都能享受阅读的乐趣，都能尊重和感谢为人类文明做出巨大贡献的文学、文化、科学思想大师们，都能保护知识产权。”也就是说，除了在世界范围内普及读书意识外，宣扬与图书密切相关的版权意识也是“世界读书日”确立的初衷之一。联合国教科文组织前总干事松浦晃一郎曾为此公开撰文，称“没有版权就没有图书事业的发展”，“世界图书与版权日的庆祝活动，从一开始以及在过去的这些岁月中，始终坚持强调在道义和产权上保护精神作品及其创作者的重要意义”。“版权”是“图书”的保镖。对任何一部作品来说，强调版权都是对写作的保障以及对作者的尊重。只有不断加强版权保护，作者才有动力进行创作，图书业才能健康发展，读书人才能读到更多更好的作品。

我们要加快公共服务体系建设，为推动全民阅读创造良好条件。全民阅读具有典型的公益性特征，需要发挥政府主导作用，调动民间积极性。要充分发挥各级图书馆、城乡图书室、社区书屋、农家书屋、学校或教育机构等场所的作用，打造一批全民阅读基地，作为全民阅读的主要活动场所。要加强对群众阅读的引导与指导，培养和造就一批遍及全省的专业阅读推广人队伍及公益阅读推广人志愿者队伍，定期开展荐书、评书活动，克服阅读庸俗化、过度娱乐化、功利化等不良倾向，引导健康向上的阅读风气。要加强国民阅读调查监测体系建设，设立并发布城乡阅读指数，把阅读指数纳入文明城市、文明单位、文明社区、文明村镇、文明家庭考核指标体系。要积极应对数字阅读发展趋势，积极搭建数字阅读平台，加强对国民尤其是青少年数字阅读进行开发与引导。要采取政府扶持和社会捐助等各种方式，保障贫困农村地区群众、残疾人、进城务工人员、农村留守儿童等特殊困难群体的阅读需求，努力使每一个想读书的人都有书读。

我们要凝聚强大合力，为促进全民阅读营造浓厚氛围。推动全民阅读，建设“书香社会”是一项基础工程、长期工程，需要政府大力推动及社会团体、家庭和个人的广泛参与。各级党委政府要把全民阅读活动纳入重要议事日程，制定发展战略和规划，并在人员、经费、物资等方面给予保障。文化、教育、新闻出版广电部门和共青团、工会、妇联等社会群团组织要发挥优势，密切配合，共同做好这项利国利民的事业。城市、社区和乡村要积极创造条件，把开展全民阅读活动作为基层群众文化活动的重要内容，开展读书比赛、读书演讲等活动。孩子是祖国的未来和希望，家庭作为孩子生命中的第一所学校，对于儿童阅读习惯的养成、阅读能力的发展起着不可或缺的作用。一位知名教育家曾经说过：“不读书的家庭，是精神上残缺的家庭。”为了孩子的终生发展，家长要积极引导孩子以书为友，打造书香家庭，让它成为孩子的阅读天堂。各类新闻媒体要大力宣传全民阅读的意义和典型，广泛交流各地开展全民阅读活动的有益经验，为全民阅读活动营造浓厚的社会氛围。

江西素有崇文重学、书香传家的优良传统和科教发达、人文荟萃的比较优势，让我们一起响应党和国家的号召，以版权呵护创新，用阅读点亮梦想，让书籍滋润人生，使全民阅读在赣鄱大地形成一道亮丽的风景。

（此文系写在第二十个“世界读书日”，2015 年 4 月）

学会放弃

有人说，充满信心是一种美好的品质，因为只有对自己、对所从事的工作信心满满的人，才能始终保持奋发向上的精神状态。

有人说，坚定执着是成功者的必备条件，因为只有锲而不舍才能水滴石穿，到达辉煌的顶点。

有人说,刻苦钻研才能成功,因为悬梁刺股成就了千年大才，凿壁透光、映雪囊萤砥砺了一代贤士。

这些都对，是被许许多多历史和现实所证明了的真理。但我还要说，放弃也是一种优秀品质，尤其对千千万万的普通人来说，要想成功更需要学会放弃。

学会放弃是治学的方法。古今中外，人文科学、自然科学经典著作浩如烟海，现代科学技术高速发展，新学科、新知识日新月异。任何一个人，哪怕你再刻苦、再努力，皓首穷经，也难以成为百科全书式的全才。你只是芸芸众生中的一员，你并不是人类中最优秀的那一个；你的智商不可能高过所有人，哪怕你再自信、再刻苦、再执着，也不可能在所有方面超越所有人。

学会放弃是平衡的艺术。你的生命短暂，至多能活到百岁之寿；你的精力有限，每天至多工作十几个小时。你需要时间谋生，做一些可能并不喜欢的工作，做一些家务或处理必要的人事关系，你在书本和实践中关注自己喜好内容的时间将会更少。对恒定的时间和精力，你需要恰当地进行分配，在取舍之间实现平衡，以有限的投入获取更大的效应。

学会放弃是人生的智慧。老子说："五色令人目盲；五音令人耳聋；五味令人口爽。"五光十色的世界，纷繁复杂的欲望，总是使人感到迷茫。成功的人生，往往是有所为有所不为，一方面有所追求，另一方面又有所放弃。追求与放弃都是正常的生活态度，二者辩证统一，这才是人生的大智慧。

俗话说，做人要"舍得"。就是有所"舍"才能有所"得"。知其可为而为之，知其不可而弃之。放弃你不擅长的，集中精

力挖掘出自己的潜力，发挥出自身的优势，才能迎来真正的成功。

试想一下，为什么古人毛笔字和文章比当代人强？这是因为他们绝大部分时间都用来练习书法和写文章，不然他们怎么能考状元、点翰林，做天子近臣、封疆大吏？他们不需要学外语、数理化，也不要搞核武器、航空母舰。正因为他们将全部精力集中在字和文上，才造就他们超越今人的成功。

回想一下我们自己，上小学时，听老师讲了许多有关爱因斯坦、居里夫人、爱迪生的故事，曾幻想当科学家、发明家，得诺贝尔奖。因为文化大革命，学校不上课了，这个美好理想只能化作烟云。粉碎“四人帮”后，我们考取了大学，遨游知识海洋，又希望成为学贯中西的哲学社会科学大师。但因不认识甲骨文，古文造诣不深，外语水平远未达到熟练区别大师原著差别的水平，这一美好理想也只能放弃。

放弃之后，选择什么？我们分析自己的兴趣爱好，研究自己的知识结构，认识自己的优势和不足。热衷安静学习的，可以选择做自己有可能领先的学问；有商业头脑的，可以选择下海经商；还有相当一部分人可以选择做公务员，做大、中学教师，等等。我们可能放弃了一些所谓伟大的目标，但选择了最适合自己发展的人生，从此走上了成功的坦途。由此看来，人与人天生并没有什么大的差别，成功的因素之一是选择道路，而选择中必有放弃。

《孟子》有云："人有不为也，而后可以有为。"放弃，不能归之于失败，却恰恰是成功新的起点。"人贵有自知之明。"成功的关键在于正确认识自己的优势、潜力和缺陷，认真、理性地做好自己的选择。不要惧怕错过身边的风景，不要忧虑独自前行的寂寞，坚定向前，就一定能够寻找到属于自己的一片天地，绽放出自己独特的光芒。

(2011 年 5 月)

创客，你也行

随着“互联网+”时代的到来，大众创业的全面勃兴，创新创业成为了推动中国经济增长的新引擎。我国有1700多所地方本科高校和高职院校，在校生人数达1500万人。高校大学生思维活跃，具有敏锐的观察力，接受能力强，怀抱远大志向和梦想，无疑是最具创新创业潜力的群体之一。如何引导这个群体变成创新创业的潜在力量和生力军，是时代赋予高校的神圣使命。

近期国务院办公厅印发了《关于深化高等学校创新创业教育改革的实施意见》，提出要坚持创新引领创业、创业带动就业，推进素质教育，创新人才培养机制，加快培养创新创业人才队伍，不断提高高等教育对稳增长、促改革、调结构、惠民生的贡献度，为建设创新型国家、实现“两个一百年”奋斗目标和中华民族伟大复兴的中国梦提供强大的人才智力支撑。江西大力开展创新创业教育，积极营造大众创业、万众创新的人才环境，努力实现“发展升级、小康提速、绿色崛起、实干兴赣”的宏伟蓝图。

九江学院作为江西重要的本科高等学校，率先在创新创业教育中大胆探索，寻求突破，努力培养综合素质高、创新意识强的毕业生，以期建成特色鲜明、成效显著、示范带动能力强的创业教育示范学校。学院以“为学生成才，为国家分忧，为社会增值”为目标，确立了“以创业精神培养为核心、以创业能力拓展为重点”的创新创业教育理念，初步建立了“五三二一”创业人才培养体系，形成了抱团创业、无缝创业、集群创业、新式创业、多样化创业五大特色，取得了不俗成绩。学子们创业所形成的“义乌模式”“柯桥模式”，得到社会各界和众多媒体的广泛关注和普遍认可。

九江学院对毕业生的创业事迹进行了精心搜集和提炼，编成《创客，你也行》一书，可谓用意深远。全书共收集五十余位校友的创业故事，有开设网店、兴办实体、从事服务贸易业、投身农村新产业等多种创业形态的；有穷则思变、奋发进取的铁汉儿女，有利用优势、抢占先机的才俊少年，有执着创业、细寻商机的韧性青年……每个故事由本校学生采写，每个故事由本校教师点评，旨在通过九江学院创业学子的创业典型事迹的介绍，激励广大学子乃至社会有志创业之士从中吸取养分，激发创业梦想，锻炼创业才干，积累创业经验，沉淀创业财富，实现自身价值。

创新是民族永不衰竭的动力，是社会永葆活力的源泉。创新创业，既是时代的号召，也是社会的需求。今天的中国，无数的创业者在为自己的梦想和事业奋斗，他们的创新创业梦想是中国梦不可或缺的一部分。希望本书能为我国创新创业教育增添一份光彩，为每一位拥有创业梦想的人增多一点启迪。

(2015 年 6 月)

散文创作要百花争艳

江西散文学会团结全省一大批散文作家，关注时代、思考现实、贴近大众，用智慧酿造精神食粮，用作品为读者带来心灵滋养，已经涌现出了一批在全国有影响的作家和作品。

江西有着厚重的人文历史和优美的生态资源，许多先贤创造了流传千古的美文，这些都为江西散文创作提供了取之不尽、用之不竭的源泉。江西散文创作要树立出精品、出人才、出效益的目标，坚持正确的方向，保持百花争艳的态势。要牢牢把握散文创作的人民性，把满足人民群众日益增长的精神文化需求作为创作的出发点和落脚点，为人民书写、为人民抒怀。要加强散文作家队伍建设，鼓励和培养文学新人，建立健康积极的文字评论、科学合理的人才评价和奖励机制。

(2014 年 11 月)

争做心灵美行为美的赣鄱最美少年

今年3月至5月，省委教育工委、省教育厅在全省中小学组织开展“赣鄱最美少年”推选活动，这是培育和践行社会主义核心价值观的重要举措，也是聚集和传递教育正能量的实际行动。特别是，这次活动邀请到全国道德模范龚全珍同志担任顾问，得到这位德高望重长者的精心指导和充分认可，对于推进各级各类学校加强社会主义核心价值观教育具有十分重要的意义。活动得到了全省广大中小学生的广泛参与，经各地学校和教育部门反复筛选、慎重推荐和推委会的认真评审，产生了15名2014年度“赣鄱最美少年”。这批“赣鄱最美少年”，有的尊老孝亲、有的助人为乐、有的自立自强、有的诚信守礼、有的勤学创新，充分展现了江西广大青少年的精神面貌之美和道德品格之美，可敬、可信、可学。你们，是全省广大中小学生践行社会主义核心价值观的典型代表，是崇尚美德的好榜样，是江西这块红土地上盛开的最美“杜鹃花”！

党的十八大提出，倡导富强、民主、文明、和谐，倡导自由、平等、公正、法治，倡导爱国、敬业、诚信、友善，积极培育和践行社会主义核心价值观。2013 年 12 月，中央提出“推动社会主义核心价值观进教材、进课堂、进学生头脑”。今年 5 月 4 日，习近平总书记在北京大学调研时全面阐述了“青年要自觉践行社会主义核心价值观”的深刻内涵。省委、省政府对全省各地各部门贯彻落实中央精神，加强社会主义核心价值观教育做出了全面部署。当前，各级教育部门和各级各类学校都在创新形式，深入开展社会主义核心价值观教育。这次“赣鄱最美少年”推选活动，就是一项很好的弘扬社会主义核心价值观的实践活动，在赣鄱大地倡导“最美精神”，唱响“最美声音”，引导广大青少年做一个“心灵美”“道德美”“行为美”的“美少年”。

同学们，你们是祖国的未来，民族的希望。古人言：千里之行，始于足下。你们正处于茁壮成长的人生起始阶段，这个阶段对今后的成才至关重要。习近平总书记谆谆教诲我们：“就

像穿衣服扣扣子一样，如果第一粒扣子扣错了，剩余的扣子都会扣错。人生的扣子从一开始就要扣好。”习近平总书记还告诫我们：“核心价值观的养成绝非一日之功，要坚持由易到难、由近及远，努力把核心价值观的要求变成日常的行为准则，进而形成自觉奉行的信念理念。”这就要求我们广大青少年自觉践行社会主义核心价值观，成为一个有理想、有道德、有文化的人。

成绩属于过去，荣誉应当倍加珍惜。希望这次推选出的“赣鄱最美少年”戒骄戒躁、再接再厉，努力学习，积极参加社会实践，不断增长聪明才干，始终成为同学们学习的好榜样；希望全省广大少年儿童以“赣鄱最美少年”为榜样，从自己做起、从现在做起，从小培养高尚的情操，树立远大的理想，锻炼强健的体魄，刻苦学习，勇于实践，努力成为家庭里的好孩子，学校中的好学生，社会上的好公民，大自然的好朋友！成为实现“中国梦”的强大新生力量！

青少年思想道德建设事关国家的前途、民族命运，事关家庭幸福、社会和谐。希望全省教育部门和各级各类学校，认真贯彻落实党的教育方针，坚持育人为本、德育为先，围绕立德树人的根本任务，把社会主义核心价值观纳入教育教学总体规划，贯穿于教育各个领域，落实到教育教学各个环节；希望全省广大教师和教育工作者牢固树立中国特色社会主义理想信念，带头践行社会主义核心价值观，自觉增强教书育人的荣誉感和责任感，继续用爱心、知识、智慧点亮学生心灵，为实现伟大的“中国梦”奠定坚实的人才基础；希望全省新闻媒体采取多种形式，大力宣传“赣鄱最美少年”的典型事迹，正确引导广大青少年向“赣鄱最美少年”学习，为全省上下积极培育和践行社会主义核心价值观，实现中华民族伟大复兴的“中国梦”营造良好氛围。

(2014 年 5 月)

让世界领略江西的独特魅力

在这群芳吐艳、生机盎然的美好时节，我们相聚在千年瓷都——景德镇，开启驻华外交官“中国文化之旅”。在此，我谨代表江西省人民政府，向活动的成功举办表示热烈祝贺！向莅临活动的各国驻华大使、公使、参赞及夫人，及各位外交官朋友表示热烈欢迎！

江西是中华文明的重要发祥地之一，创造了悠久灿烂的历史文化，田园诗人陶渊明、改革巨匠王安石、戏剧大师汤显祖、民族英雄文天祥均是国内外有名的江西先贤。江西农耕文化、青铜文化、瓷文化、傩文化、宗教文化和书院文化独具特色，享誉海内外。江西是中国革命的“红土地”，有中国革命的摇篮——井冈山、共和国的摇篮——瑞金、人民军队的摇篮——南昌、中国

工人运动的摇篮——安源。江西生态优美，有庐山、井冈山、三清山、龙虎山四大名山，有中国最大、水质最好的淡水湖——鄱阳湖，有中国最美的乡村——婺源，有 6 个国家 5A 级旅游景区，14 个国家级风景名胜区，全省森林覆盖率达到 63.1%。

早在 1000 多年前的中国唐代，江西的瓷器闻名遐迩、驰名中外，并作为中国对外贸易的主要商品，经海上丝绸之路大量出口欧洲。江西昌南镇瓷器成为欧洲人珍爱的贵重物品，人们以能拥有一件昌南镇瓷器为荣。后来，欧洲人以地名昌南镇的读音 China 作为瓷器和中国的代称。昌南镇就是今天我们相聚的之地——景德镇。世界因瓷器而认识中国，因此，今天我们开启“中国文化之旅”从 China 开始，从江西景德镇开始，这是十分有意义的。

改革开放以来特别是近年来，江西省委、省政府高度重视文化建设，在推动经济社会发展的同时大力推进文化建设，深化文化体制改革，全省文化迸发出前所未有的发展活力。一是文化设施建设明显加快。近年来，各级财政加大投入，建成博物馆、纪念馆 141 座，艺术中心、大剧院 91 个，公共图书馆 111 个，文化馆 114 个，乡镇综合文化站 1629 个，村（社区）文化活动室 1 万多个。二是文艺精品不断涌现。全省先后有 14

部作品荣获中宣部“五个一”工程奖,13 部作品荣获文化部“文华奖”，5 人获得戏剧“梅花奖”。《瓷魂》《井冈山》《赣风》《八子参军》《回家》等多部有重大影响的剧目在全国巡演。三是文化遗产保护成果显著。全省拥有不可移动文物 32831 处，位居全国第 11 位；拥有馆藏文物 30 万余件（套），其中一级文物 1262 件（套），前不久江西在北京进行了一次精品文物展，轰动了首都，点亮了京城；拥有全国重点文物保护单位 128 处，国家级历史文化名城 3 座，国家级历史文化名村镇 33 个。全省拥有国家级非物质文化遗产名录 46 项，国家级非物质文化遗产名录代表性传承人 34 名，国家级文化生态保护实验区 2 个，国家级生产性保护示范基地 3 个。四是文化产业快速发展。2013 年全省文化产业主营业务收入 2288 亿元，增长 37%；增加值 550 亿元，增长 35%，占 GDP 比重 3．85%，在建亿元以上文化产业项目 247 个，招商引资额超过 1000 亿。五是文化交流合作不断扩大。我省充分发挥陶瓷展览、杂技演出等文化品牌效应，有效推动了江西文化与世界各国的交流与合作。近五年，江西文化产品出口稳居全国前五位，对外及对港澳台文化交流项目达 461 项，与五大洲 58 个国家和地区有不同形式的交流，曾经到俄罗斯、塞浦路斯、沙特、韩国等许多国家开展文化交流。

走出国门的江西优秀文化，为开放的中国和江西树立了良好的文化形象，同时也为各国朋友送去了美丽江西的神奇文化。

这次驻华外交官“中国文化之旅”首届活动在江西、在景德镇举办，这是文化部对江西的关心和厚爱，我们感到非常荣幸和自豪。活动将通过形式多样的参访交流活动，全面展示江西开明开放、和谐发展的良好形象，全面推介江西丰富多彩的文化资源和陶瓷项目。希望各位驻华外交官和国际友人充分领略江西独特的自然、人文景观，感受江西陶瓷文化的魅力，了解“海上瓷路”的传承与发展，感知历史悠久、博大精深的中国文化，促进江西与世界各国在文化及其他各领域的交流与合作，为江西文化走出去搭建更加宽广的平台。

各位驻华外交官朋友，江西风景独好，文化底蕴厚重。热情好客的江西人民真诚希望各位驻华外交官朋友到江西多走一走、看一看，增进交流、加深友谊。同时，我们也衷心希望通过举办此次活动，能吸引更多的国际友人加深对江西文化的了解，吸引更多的国际友人关注江西、支持江西、投资江西。

最后，预祝千年瓷都——驻华外交官“中国文化之旅”活动圆满成功，祝各位嘉宾在江西期间身体健康、心情愉快。

(2014 年 5 月)

架起赣港澳文化交流的桥梁

在这个热情似火的季节，今晚我们相聚在美丽的前湖之滨，共同迎接第九届“艺海流金——感悟瓷魂”对港澳大型文化交流活动的启幕。在此，我谨代表江西省人民政府和 4500 万赣鄱儿女，对各位朋友的到来表示热烈的欢迎！

江西历史悠久，文化底蕴深厚，红色、绿色、古色文化交相辉映。江西是中国革命的“红土地”，有中国革命的摇篮—井冈山、共和国的摇篮——瑞金、人民军队的摇篮——南昌、中国工人运动的摇篮——安源；江西生态环境优美，绿色文化资源丰富，这里有世界文化景观庐山、世界自然遗产——三清山、龙虎山、龟峰。有中国最大、水质最好的淡水湖——鄱阳湖，中国最美的乡村——婺源，有 6 个国家 5A 级旅游景区，14 个

国家级风景名胜区，45 个国家级森林公园，全省森林覆盖率达到 63.1%。江西历史悠久、人文荟萃，有江南三大名楼之一的滕王阁、千年瓷都景德镇、千年书院白鹿洞、千年古刹东林寺。晋代田园诗人陶渊明，唐宋八大家中的欧阳修、王安石、曾巩，戏剧大师汤显祖，民族英雄文天祥，中国科技巨匠宋应星，历史名人黄庭坚、杨万里、八大山人等都出自江西。几千年的文化积淀赋予江西丰富的文化资源，农耕文化、青铜文化、瓷文化、傩文化、宗教文化、书院文化及许多山歌戏曲，均独具江西魅力和赣鄱特色。

“艺海流金——感悟瓷魂”是文化部对港澳大型文化交流的重点项目，也是我省今年文化工作的一项重要内容，必将有力推动我省文化建设和经济社会发展。江西拥有丰富的文化资源和投资机会，港澳拥有开放的经济体系、成熟的市场管理经验和人才，江西与香港、澳门不仅有着深厚的合作基础，更有广阔的合作前景。希望通过举办此次活动，使更多的港澳同胞加深对江西文化的了解，使港澳成为推动江西文化走向世界的桥梁与纽带，将发展、开放、奋进的江西展示给世界。希望有更多的港澳同胞关注江西、支持江西，多来江西走一走、看一看，传递友谊，深化交流，促进合作。

最后，祝愿各位嘉宾在江西期间身体健康，心情愉快！预祝“艺海流金——感悟瓷魂”对港澳大型文化交流活动圆满成功！

(2013 年 7 月)

加强古村落的保护和利用

古村落作为物质与非物质文化的综合体，不仅通过富有特色的建筑和大量物质遗产，存储着丰富的历史和文化信息，还通过绚丽多姿的民间文艺和无形的文化遗存，表达着一方土地的民间情感、生活观念和文化传统。古村落是中华民族内聚力和向心力的物化体现，是人类文化遗产的重要组成内容，是极其珍贵而脆弱的自然和文化资源。

江西自古多鸿儒巨宦、达官富贾，造就了一大批历史悠久、规模庞大、世家巨姓、文化发达且积淀深厚的古村落；江西文化具有兼容并蓄、海纳百川的多元特质，使江西的古村落呈现出个性丰富的村落形态和文化风貌。吉安的渼陂古村、钓源古村等一批古村落在我省乃至全国都较有影响。

近年来，江西省委、省政府高度重视古村落的保护、开发、利用，切实加大历史文化名村（镇）的建设力度，取得了明显成绩，打造了一批具有独特风格的美丽乡村，取得了明显的经济效益和社会效益。我们将虚心学习兄弟省市的先进经验，积极探索“政府主导、市场运作、群众参与”的三方合作模式，始终奉行“先保护，后开发”的经营理念，进一步加强古村落的保护和利用，把列祖列宗留下的宝贵财富，完好地传给子孙后代，促进我省文化繁荣和经济社会可持续发展！

（2012 年 4 月）

顶级国宝亮相京城　文艺精品迎春绽放

在这生机盎然、万象更新的初春时节，在全国上下齐心抓改革、共筑中国梦的重要时刻，我们相聚在历史与文化艺术的殿堂——首都博物馆，隆重举行“江西风景独好”——2014北京·江西文化月暨江西古代文物精品展开幕式。在此，我谨代表江西省人民政府，向莅临开幕式的各位领导和嘉宾表示热烈的欢迎和衷心的感谢！

漫漫历史长河，川流不息。勤劳勇敢智慧的江西人民创造了星光璀璨的古代文明，描绘了浓墨重彩的近代画卷，谱写了可歌可泣的现代篇章，尤其为新中国的诞生立下了不可磨灭的卓越功勋。江西以其独特厚重的文化积淀，成为了中华文明的重要发祥地。

当前，全国上下正在为实现中华民族伟大复兴的中国梦而努力奋斗，江西在开启中国梦的历史征程中构筑了建设富裕和谐秀美江西的“江西梦”，在全力保持经济持续健康较快发展的同时，扎实推进文化软实力建设，有力凝聚起江西深厚的优秀传统文化、革命和建设历程中形成的宝贵精神、改革开放以来形成的新思想新观念新风尚，为实现“中国梦”“江西梦”提供强有力的精神动力和文化支撑。

举办“江西风景独好”——2014北京·江西文化月活动，旨在通过具有江西地域特色的舞台艺术形式和历史文物展览，宣传展示江西文化积淀、文化特色、文化成果，扩大江西文化影响，促进江西文化对外交流，提升江西文化传播力。这次江西古代文物精品展共展出160余件江西顶级文物，集中展示了从石器时代至清代的江西精品文物，生动再现了赣鄱大地璀璨瑰丽的人文历史。

江西风景独好，人文厚重。相信通过此次活动，一定会给全国乃至世界人民展示一个人文江西、活力江西、魅力江西！

(2014年2月)

破解历史的迷雾　讲好海昏侯故事

刚刚落下帷幕的2015年，对于江西文化发展来说注定是将载入史册的一年。随着此前近五年的抢救性考古发掘的深入，在南昌新建区大塘坪乡观西村原本僻静的墎墩山下，沉睡2000多年的南昌西汉海昏侯墓的神秘面纱被逐步揭开。这个惊天大发现，足以让世人震惊。据权威考古专家评定，南昌汉代海昏侯国遗址是我国迄今为止发现的文物保存最好、墓主及主墓内部结构最完整、墓园区及城池区布局最清晰、出土文物品类数量最丰富的大遗址。这对于研究我国汉代政治、经济、文化和人们生活诸方面具有十分重要的学术、历史和艺术价值。2016年1月，在由中国社科院主办的中国考古界重要年度评选中，南昌西汉海昏侯墓在2015年度“中国六大考古新发现”中榜上

有名，堪称摘下中国考古界的“奥斯卡奖”；在第四届中国工艺美术收藏年会上，海昏侯墓出土万余件珍贵文物入选“2015年中国工艺美术十大事件”。

毓秀钟灵，天佑江西。大美无言的寥廓山川，总是无私地向人们呈现它精彩绝伦的丰厚宝藏，展示出它载育万物的历史秘密。我多次到过海昏侯墓葬遗址现场，作为一名对考古发现充满好奇的人，深为遗址的完整性、墓园的唯一性与文物的丰富性而惊讶，为古代先人的文明遗留而叹服；而作为一名负责海昏侯国考古遗址保护研究的管理工作者，面对先人这份珍贵的历史文化遗产，我们要以上能对得起列祖列宗，下能造福于子孙万代的历史担当肩负重责。

自2010年到江西工作以来，足之所至，情之所生，我对江西这方水土优美的自然风光和深厚的人文底蕴有着更加深切的体会，内心时常由衷地生出一份自豪与热爱。海昏侯墓葬的惊天问世，无疑是全国乃至世界性的一个重要的历史文化事件。我们这一代人有幸欣逢，更有责任认真对待这份历史文化遗产。如何做好这项具有重大历史意义的文物保护与开发利用工程，真正做到“文化遗产人人保护，保护成果人人共享”，值得深入思考、通盘规划、稳妥推进、系统安排。江西省委、省政府已经将南昌汉代海昏侯国遗址的保护利用作为重大文化旅游项目，将其列入“十三五”工作规划之中，成立了海昏侯国遗址管理局和海昏侯博物馆、研究院，并将与省内外一流的高等院校、科研院所和博物馆合作，高薪聘请全国专家学者，共同提高保护和研究水平，并将积极申报世界文化遗产、国家5A景区。目前，海昏侯墓的考古发掘、保护、研究等各项工作正在有条不紊地进行；而遗址的建设、保护、利用和管理等工作仍然任重道远。这需要政府、社会、民间等各方力量集思广益、齐心协力。只有这样，才能将这份历史文化遗产的价值与意义真正展现、开发出来。

文物，非纯粹之物，以其寄托文化之故。考古大发现，说到底是对历史人文的重现。沉寂千载的文物遗址，其真正价值在于文物背后曾经生活过、哭过笑过的人。海昏侯墓的重大特色之一，就在于墓主的特殊性。海昏侯墓之所以引发全社会关注，不仅在于墓地出土了大量精美文物，更因为它背后有着丰富而广阔的历史文化背景。根据当前墓葬、墓园和出土文物的特点，结合文献记载，特别是刘贺私印，我们可以确证：海昏侯墓葬的主人就是汉代海昏侯国第一代海昏侯刘贺。刘贺这位王室后裔身份复杂，是汉朝历史上在位时间最短的皇帝，先后经历了王、帝、侯三种身份，一生跌宕起伏，悲怆早逝，在中国历史上唯此一人。其为人、政治作为，以及其废立原因等等，史学界多有争议，民间更是传说纷纭。总之，在这位南昌汉代海昏侯墓墓葬主人的身上，笼罩着一层神秘和传奇的色彩。为了揭开海昏侯之谜，使海昏侯墓世界文化遗址考古公园保持长久的、持续的生命力和影响力，打造江西文化旅游发展的新名片，并使之成为南昌建设国际大都市的引爆点，我们迫切需要史学界、文学界、文化界各路人才，从自己的专业角度出发，贡献力量，对刘贺、对海昏侯墓积极开展研究与宣传，不断推出新的研究成果，深刻认识海昏侯所蕴含的丰富多元价值，破解历史迷雾，讲好海昏侯故事。

出版当为时而作。我很欣喜地看到，在中国出版界享有盛誉的二十一世纪出版社集团，勤于思，敏于行，很快组织编辑出版了这部带有历史纪实色彩的文学作品——《千古悲摧帝王侯——海昏侯刘贺的前世今生》。这部作品坚持大事不虚、小事不拘的原则，以翔实的史料为依据，结合墓葬考古发掘的大量文物，从扑朔迷离的正史和奇闻轶事的野述中，条分缕析，穿越历史风烟，以独到的宏观视野、真实的历史细节和生动流畅的描述，将汉废帝刘贺传奇的前世今生娓娓道来，呈现了一个不为人知的全新的有血有肉的刘贺。作者以史为镜，与古人对话，夹叙夹议，采用史实证据和人物对比手法，从王位争夺、权力角逐、从政智慧、成败得失的前因后果中，探幽发微，阐发自己对家国的深刻思考，对民族的赤诚热爱，对历史人物的明彻剖析。这对于帮助广大读者了解刘贺以及海昏侯墓遗址，都有着莫大的帮助。特别值得提出的是，在慢慢撩开了历史的面纱之后，作品最后部分还别开生面，以假设历史可以重来、刘贺可以再生的方式，与历史展开了深度对话，提出有权不可任性、年轻不可任性、有颜值不可任性、有功劳不可任性、有靠山不可任性、有冤屈不可任性六个维度的全方位思考。这种思考，既是源于历史深处的深刻启示，更是对当下为政为人的理性警醒。刘贺所生活的风云际会的汉代，早已成为遥远的历史；而历史大背景下其人物传奇命运所折射出的为政之道、人生哲理等丰富内涵，却历久弥新，值得后人一再品味。史家常说，一切历史都是当代史。站在海昏侯遗址前，遥想刘贺的前世今生，作者作出这样别出心裁的解读与思考，足以说明，这不仅是一本有助读兴、促进旅游文化发展的寻常图书，也是一部称得上严肃认真、发人深思的史家著作了。我期待这本书既能在广大读者中叫座，又能在文化界叫好。同时，随着海昏侯墓考古发现的深入，随之而来的出版资源将源源不断地呈现出来。传承优秀文化遗产，打造新的历史文化名片，包括二十一世纪出版社集团在内的江西出版人责无旁贷。借这本书问世的机会，我们期待有更多更好的海昏侯主题图书涌现出来，推动江西的历史文化遗产保护与开发工作，更上层楼。

是为序。

（此文系《千古悲摧帝王侯——海昏侯刘贺的前世今生》序，2016 年 2 月）

皇帝刘贺

——惊心动魄的二十七天

中华民族五千年的悠久历史，已经形成了屹立于世界民族之林的独特文化体系。“三皇五帝”的精彩传说，反映了中华民族勤劳、勇敢和智慧的光荣传统。孔子整理《春秋》以降，中国又诞生数以百计如司马迁、班固、司马光、刘知几那样的史家，涌现出诸如《左传》《史记》《资治通鉴》《汉书》《史通》等浩如烟海的辉煌史籍。西汉时期,汉武帝采纳了董仲舒“独尊儒术”的建议，将儒学作为国家的统治思想，带来了初汉江山的繁荣昌盛。在儒学思想指导下，“仁、义、礼、智、信”在东方得到了极为广泛的传播与颂扬。

南昌汉代海昏侯墓的惊世发掘与大量出土文物的涌现，可以看出中国儒家思想闪烁的光芒。这其中出土的一件重要文物就是目前我们所见到中国历史上第一幅孔子造像和孔子的生平介绍。这些都是祖先留给我们的宝贵遗产，凸显了江西的文化底蕴，改变着江西的旅游格局，正在成为江西文化的“新名片”和南昌建设国际大都市的“引爆点”。当前，南昌汉代海昏侯国考古遗址公园、遗址博物馆和“汉代小镇”建设开局顺利，一批“海昏侯”专题节目在央视及北京等地方台播出，一批讲好“海昏侯”故事的书籍进入畅销书排行榜，南昌海昏侯墓发掘暨秦汉区域文化国际学术研讨会成功举办，海昏侯文化研究、宣传的热度持续升温。在这个浓厚的海昏侯宣传氛围中，作家孙海浪又推出长篇历史小说《皇帝刘贺——惊心动魄的二十七天》（以下简称《二十七天》），值得庆贺。

在《二十七天》中，儒学思想是自始至终贯穿的一条思想主线。作品以刘贺人生的巅峰时期，当上皇帝二十七天为切入点，运用电影蒙太奇表现方式，将主人公刘贺一生中可圈可点的故事都囊括其中。通过刘贺历经“王、帝、民、侯”四种身份的特殊经历与非凡命运，描写了刘贺虽陷困境与磨难，但信仰支撑着他顽强的生命，使他忍辱负重度过了削职为民、昌邑监管的艰辛十年，后又远离京城来到偏远的海昏国，度过了忧郁的四个春秋。全书暗合孔子的儒家文化观，引导读者关注国学，表达了作者的文学主张。

儒家认为，君子与小人之分，好人与坏人之分，都在于品德。品德是做人的标准，彰显出人性的优劣、尊严的高低。《二十七天》以史为证，反思刘贺，形成了该书的另一特色。全书以刘贺在位二十七天的所作所为为主线，不蔓不枝，娓娓道来，既写刘贺勤奋苦读诗书，又写他调皮的顽劣个性；既写王子家庭对少年刘贺的溺爱，又写先生对刘贺教育的失误；既写他的坎坷经历，又写西汉历史，及刘贺和他周围人在西汉大历史背景下的生存状态，并在每章结尾或段落中引经据典，给读者以“人，究竟该怎么活着”的深层次思考。

古希腊哲学家赫拉克利特有一句名言：“惟有变化才是永恒的。”他认为万物从产生的一刻到消灭的一瞬，都在不断变化着，从未静止。《二十七天》从作品布局谋篇到主人公刘贺的生命旅程，都充分体现了这一点。作者通过刘贺临终前一天的回忆、插述来展开故事情节，把刘贺的一生放在其当皇帝的二十七天来写，又把全书十二章节人物故事融入不断变化的十二个时辰里。以历史文献为“证据链”，描述了刘贺昌邑出生、王子长大、狩猎贪玩、充当继子、烟云皇帝、削官为民、海昏消沉、振作生存，直至死亡埋葬的精彩故事，且在作品中设置刘贺人生旅途12个“成长阶梯”，勾勒出既有皇家书卷味，又有民间侠义情的艺术形象。作者还把西汉政治、经济、法律、文化乃至巫蛊案、盐铁会议、丝绸之路、西域战争、地理风貌、民俗民风、戏剧音乐、地方小吃、民间传说等融入其中，让读者体会到西汉以来江西农业、冶炼、铜器、陶瓷、纺织等手工业及商业、交通运输、文化艺术的发展，改变世俗对赣鄱“荒蛮之地”的偏见。

人类已跨入互联网、大数据与智能制造时代，“文物”保护正向“文化遗产”保护转型，文化遗产保护工作的“内涵”和“外延”有了新的发展、变化。作者对此予以了关注。《二十七天》把读者引入西汉古墓的“纸质历史博物馆”，将海昏侯墓出土文物，诸如雁鱼灯、青铜鼎、博山香炉、青铜熏炉、青铜镇、五铢钱、刘贺玉印及各式玉佩、贴金片漆盒、木牍、竹简等融入小说人物故事中并逐个破译，既刻画人物、推动故事情节发展，又传播西汉古墓的文物知识。如作品开篇描述刘贺临终前的回忆，提及雁鱼灯、铜壶滴漏，以及主人公寝宫摆设所展示出来的各式文物，均与人物命运紧密联系在一起。即使对次要人物的塑造也是这样，不作硬性说教。如对宫中良臣张敞的描述，说张敞居住在妓院云集的长安章台柳巷，他“从不为美貌妓女心动，从无拈花惹草之事。有时他令人驾车因公暇走马章台，自己坐在车厢内，反觉不好意思，便用扇遮面，生怕别人看到”。他深爱的贤妻“长得娇小玲珑，肌肤雪嫩，鲜妍有韵，乌云挽髻。一双秋波水淋淋，两道细眉柳叶均，真可称得上绝代美人儿”，每天必忙里偷闲为爱妻画眉。一天上朝，宣帝刘询问起“画眉”之事，张敞并不否认，平静应道：一是臣确实在闺房“为妻画眉”，不止一次，天天如此，且画得很漂亮；二是夫妻之间此类私事，与他人无关；三是臣听说在闺房中，夫妻之间亲昵的程度，远远超过“画眉”之类的事情。如果都要去管，皇上忙得过来吗？作者寥寥几笔，把一个幽默、开朗、快乐而又严谨的人物形象呈现在读者面前。

或许是刘贺其人的个性与经历所决定，作者在“二十七天”中，还运用了一些“魔幻现实主义”手法。如作者根据刘贺从小“酷爱狩猎”与“四辆活马车”陪葬品的史料，在作品中虚构了一匹汗血宝马“箭羽”，让它与刘贺命运捆绑在一起，直陪至尾声主人公葬礼：“箭羽在阵阵哀乐声中见到刘贺的棺材，收慢了脚步奔到了棺前，低下了头颅，围绕刘贺棺木走了几圈，突然仰天发出了两声悠长呜咽，前膝跪在棺前，流下了几颗泪珠……”“箭羽这一义举，让在场的所有人都为之感动。”虽然笔墨不多，却已经烘托了刘贺生前骑马、爱马、驯马、与他爷爷汉武帝赐赠的这匹汗血宝马生死与共、天人合一的人格魅力。

由此，我想到对海昏侯国文化遗产的宣传，如何避免昙花一现，保持长久的生命力的问题。不但要出版各种题材、风格多样的“海昏精品”，如建立海昏侯网上博物馆，拍摄宣传片、开展文物巡展，创作相关书籍、影视、动漫、手游作品等；尤其是要尽快组织力量，破译墓葬中出的木牍和竹简的内容，特别是有可能改写历史的文字，通过新的研究成果的推出，不断扩大、提升“海昏侯”在国内外的知名度与影响力，在全社会形成“文化遗产人人保护、保护成果人人共享”的良好氛围。

中华传统文化源远流长、博大精深，其中不乏古代教人修身、治国、平天下的大智大勇，也有许多是能够帮助解决今天现实问题的法宝，值得我们很好的挖掘。海昏侯文化遗产是南昌的、江西的，也是中国乃至世界的。如何把海昏侯文化通过艺术形式充分展示出来，是作家、艺术家应尽的职责与义务。文化遗产保护是全民的事业，让我们共同行动起来，让海昏侯文化遗产“活”起来、“动”起来，为它焕发新的光芒贡献自己的力量！

是为序。

（此文系《皇帝刘贺——惊心动魄的二十七天》序，2016 年 8 月）

掀开“海昏侯”遗址保护利用新篇章

今天，备受瞩目的南昌汉代海昏侯国遗址管理局正式挂牌成立。这是南昌市和全省的一件大事、喜事，也是全国考古发掘和文化旅游界的一件好事、盛事。我很高兴也很荣幸，和大家一起见证这一重要的历史时刻。在此，我谨代表省委、省政府，对南昌汉代海昏侯国遗址管理局的成立，表示热烈的祝贺！向长期以来关心支持我省文物事业发展的文化部、国家文物局和各方面领导、专家表示衷心的感谢！向为海昏侯国遗址考古发掘付出心血和智慧的专家组和广大文物工作者致以崇高的敬意！

南昌汉代海昏侯国遗址是老祖宗留给我们的宝贵遗产，在短短的四个月内，遗址考古发掘先后荣获全国四项大奖，即“中国六大考古新发现”第一名，这是考古专家奖；最高票当选“2015年度全国十大考古新发现”，这是考古政府奖；全国“田野考古奖”，这是科学发掘奖；首届“金尊奖”，这是文物保护奖，实现了考古方面奖项的“大满贯”，在我省考古工作中是史无前例的，在全国也是罕见的。这对于扩大江西的影响力、提升江西的美誉度、增强江西文化软实力，具有重大而深远的意义。

南昌汉代海昏侯国遗址考古之所以能成为考古界万众瞩目的明星项目，囊括考古界的全部奖项，得到前所未有的关注，不是偶然的，主要在于它具备四大特性：一是墓区遗址的完整性。它是我国迄今发现保存最完好、布局最清晰、结构最完整、出土文物最丰富、拥有最完备祭祀体系的西汉列侯墓园，主墓、墓园及周边侯国都城遗址的完整性在国内独一无二。二是考古发掘的科学性。坚持把科学发掘放在考古工作的首位，调集全国一流考古专家全程指导并参与发掘，现场建设高标准工作用房保护和修复文物。三是墓主身份的特殊性。墓主刘贺集王、帝、侯和平民于一身，具备了唯一性，他的一生跌宕起伏，极富传奇色彩。四是社会宣传的广泛性。坚持“边挖掘、边保护、边展示、边宣传”，实行央视现场直播，在首都举行大型展览，不断发布权威信息，引领舆论制高点，在国内外引起强烈轰动，掀起了一轮又一轮“海昏侯热”，现在的宣传口号是，北有兵马俑、南有海昏侯。

南昌汉代海昏侯国遗址管理局的成立，揭开了遗址保护利用全面提升的崭新一页。在今后的工作中，要坚决落实省委、省政府提出的建设国家5A级景区、国家考古遗址公园、世界文化遗产三大目标要求，努力做到“五个进一步”：进一步加大规划建设力度，坚持规划先行、高点定位，加快推进遗址公园和遗址博物馆建设，争取今年开工、三年建成，将其打造为世界级大遗址公园旅游目的地，使之成为江西文化的“新名片”和南昌建设国际大都市的“引爆点”。进一步加大遗址保护力度，明确遗址保护的高标准，加快立法保护的步伐，实现全面性、综合性、开放式保护，真正让“海昏侯”遗产“活”起来；继续做好文物修复，最大程度提取历史信息；继续保持高压态势，加强安保工作，确保文物安全万无一失。进一步加大宣传展示力度，及时宣传考古发掘重要进展、重大发现、重要成果，以及江西深厚的历史文化底蕴，提高文物展陈水平，破解历史迷雾，讲好“海昏侯”故事，让“海昏侯热”不断发酵、持续升温。进一步加大学术研究力度，加强交流，加强合作，巧借外力，引进人才，深化遗址的内涵与外延课题研究，整体提升保护科技和研究水平，不断推出新的研究成果，使“海昏侯”保持长久的、持续的影响力和生命力。进一步加大投入力度，着眼打造大遗址建设的“江西样本”,加大遗址保护建设项目经费投入，积极做好项目申报等相关工作，为遗址保护和持续发展提供坚强保障。

同志们，南昌汉代海昏侯国遗址保护利用工作意义非凡、任重道远。希望遗址管理局不辱使命、尽职尽责，切实保护好、传承好、利用好“海昏侯”文化遗产，对祖先负责、对子孙后代负责，让“海昏侯”遗产造福江西、光耀千秋！

（此文系在南昌汉代海昏侯国遗址管理局
成立仪式上的致辞，2016 年 6 月）

《梅花三弄》与江西

《梅花三弄》是中国著名的古琴曲，历经沧桑，流传至今，深受琴家和大众的喜爱，在传承中国古典文化和对外文化交流方面发挥着重要作用。但鲜为人知的是，《梅花三弄》与江西有着极深的渊源，其起源、传承等都与江西紧密地联系在一起，是江西历史文化资源宝库中的一朵奇葩。

关于《梅花三弄》的起源，历史上较为一致的观点是，该曲源于东晋桓伊所作笛曲。桓伊是江西在东晋时期的一位历史文化名人。桓伊初为官，正值前秦苻坚势力强盛之时，东晋北方边境堪忧。桓伊先是被任命为淮南太守，治理有方而进督豫州十二郡、扬州江西五郡军事，又因征战有功，又进都督豫州诸军事、西中郎将、豫州刺史。公元 383 年，苻坚调集 90 万大军，分三路南下，意图一举荡平东晋，统一南北。桓伊与谢玄、谢琰以弱胜强，破坚于淝水，奠定了东晋偏安局面。桓伊以此功封永修县侯，进号右军将军。后迁任都督江州、荆州十郡，豫州四郡军事，官居江州刺史之职。桓伊在江州刺史任上，宽免税赋，体恤民情，深得百姓的爱戴和拥护。最后，桓伊病卒于江州刺史任上，并被追封右将军加散骑常侍，谥号“烈”，葬在了现在的南昌市青云谱区石马村。

桓伊才兼文武，精通音乐，虽有赫赫战功和很高的爵位，但始终豁达随和,谦虚不骄。据南朝宋时期的《世说新语》记载，桓伊与王子猷（王羲之的第五个儿子，东晋名士，生性卓荦不羁）一次偶遇，王子猷命人对桓伊说：“听说你善吹笛，请为我吹奏一曲。”当时的桓伊已是位居显贵，但他还是下车出笛，“为作三调”，吹奏完毕即上车离去。尽管这次偶遇，二人自始至终未曾直接交谈一言，但同为风流名士，二人惺惺相惜，造就了一段历史佳话，也由此诞生了千古名曲《梅花三弄》。随后的诸多历史典籍和文学作品对此也多有记载和引用。如隋末虞世南的《北堂书钞》辑录“为作三弄”，晚唐李郢在《赠羽林将军》中写道：“唯有桓伊江上笛，卧吹三弄送残阳”，等等。再后来，有琴家在笛曲的基础上，将《梅花三弄》改编和翻奏成了琴曲。

宋元年间，由于文人对古琴高雅情趣和梅花傲雪凌霜高贵形象的推崇，琴曲《梅花三弄》得以不断流行和推扬。然而，即便如此，现存的宋元典籍中只能看到文人对该琴曲的颂赞，却无琴谱的详细记载。直至明代，又是一位江西历史文化名人，他做了一件非常有意义的工作，记载了《梅花三弄》谱本，使其能够传承至今。

这位江西历史文化名人就是朱权。朱权，自号臞仙，史称宁献王，是明朝开国皇帝朱元璋第十七子。明建文元年（1399年），受燕王朱棣所胁迫，参与“靖难”之役。明成祖即位后，朱权请封苏州、杭州皆不准。永乐元年（1403年），在其25岁之时，被改封南昌，尽夺兵权，并限制了行动。初到南昌，朱权年轻气盛，对自己的待遇颇为不满，后屡遭朝廷斥责，就不问世事，韬光养晦，终日鼓琴读书，与文人墨客相往还，直至70岁终老于南昌。

朱权好学博古，读书无所不窥，旁通释老，尤精音律，工戏曲。他历时12年从“琴谱数家所载者千有馀曲”中，精选了64首曲子编为《神奇秘谱》，《梅花三弄》便是其中之一。《神奇秘谱》体现了古琴发展至明初时的成就，保存了远古之曲的真实面貌，是琴曲《梅花三弄》存见最早的谱本。朱权在对《梅花三弄》的解题中提到："桓伊出笛作梅花三弄之调，后人以琴为三弄焉"，再次肯定了《梅花三弄》来源于桓伊的笛曲。从某种意义上讲，是朱权整理并保存了琴曲《梅花三弄》，江西之域在《梅花三弄》流传至今上，又一次发挥了关键性的作用。

窥一斑而知全豹，江西与《梅花三弄》起源和传承的密切关系，实际上也透射出了江西在中国古代音乐和戏曲上的重要地位。江西还有与《梅花三弄》同样著名的琵琶曲《春江花月夜》，又名《浔阳琵琶》《浔阳月夜》，是依据白居易的诗作《琵琶行》发展而来，描写了江西九江江上和风轻拂、微波荡漾的美丽夜色，显露出隐约朦胧的意境。江西自古以来，音乐发达，英才辈出，从神话传说中居住在南昌近郊洪崖丹井的黄帝音乐大臣、中国音律鼻祖伶伦，到唐代永新县的大唐歌妃许合子，多独领风骚。宋以后，江西更是成为全国音乐发展中心，姜夔、周德清、燕公楠、朱权、魏良辅等人的音乐理论被音乐家们视为"圣典"。周德清的《中原音韵》是"中国国音之鼻祖"，成为当代推广普通话的基础。在戏曲方面，明初形成的弋阳腔是南戏中流传最广、影响最大的剧种，为高腔的源头，在外省演变成京剧、川剧等40多种地方戏。还有抚州的宜黄腔、九江的青阳腔等都曾产生很大的影响，并至今仍在传唱。明代汤显祖开创临川派，其"临川四梦”代表了中国古典戏剧的最高水平，被誉为“东方莎士比亚”。清代蒋士铨堪称乾隆间第一曲家。还有江西因盛产茶叶在清中期逐渐形成的采茶戏，乡土气息浓郁。

对于这些优秀的历史文化资源，有的为我们所重视，已经作了诸多研究，并得到了进一步的弘扬；有的却并不为人们所熟知，仍然蒙着历史的尘埃。就如《梅花三弄》，还需要我们深入地挖掘，通过研讨会、影视拍摄，以及相关纪念活动等途径和手段去宣传和弘扬。这一方面是寄托我们对江西先贤缅怀之情，另一方面也是传承我们的文化血脉，并为当代旅游、文化及经济社会发展服务的应有之义。

(2012 年 6 月)

江右书院冠华夏

书院，是中华文化史上一个醒目亮点，是中国教育史上一种独特的文化现象。书院，记录了诗书中国。

书院的鼎盛，反映的是中华民族对于文化传播与学术自由交流的强烈追求。在古代中国，书院就是一个文化象征的符号，代表的是有着一定文化水准的话语圈。那些执著于传道的儒家士人满怀学术独立与自由的精神向度，在书院的形式助推下探询着自我思想与现时意识的完美融合。正因为如此，儒家士人往往把书院看成独立研究学问的安身立命之所，捆绑着其“独善其身”的生活道路。书院的创建目的之一就是为了超世脱俗的精神追求。这就是为什么我们今天看到的书院，大都建立在僻静优美的名胜之地。

“江右书院甲天下”。在1000多年的古代书院历史中，由于江西崇文重教和实行“学田制”等制度保障，江西一直是全国书院发展的中心地区，并且数度“独领风骚”，成为中国的一个文化重地，拥有独特的历史地位。上世纪80年代，季啸风先生率领全国百余学者普查古代书院，发现全国有书院7300余所，其中江西990所，居全国各省之首。而根据江西省地方志办编纂的《江西书院》最新统计，江西有书院近2000所，比过去统计的数量增加了一倍多，占全国书院四分之一强。

江西之美，美在山水；江右之盛，盛在人文。美景看不尽，人文道不完。当今天我们再去打捞这段历史时，那些曾经遍布在江右大地上的书院建筑，留给了我们一个渐行渐远的儒雅身影。在浩浩苍穹之下，莽莽林野之中，那一座座古朴而散落的书院，像是一尊尊历史的雕塑，守望在丛林山野或溪泉河畔。在读书人眼里，在文化人心里，都是高耸矗立的丰碑，是神圣高雅的殿堂，是永不磨灭的印记。

当我们伫立于庐山五老峰下，石门涧近在眼前，枕流溪的溪水从这里穿越山涧，流向远方，高耸入云的松柏和翠竹隐掩下的白墙灰瓦，无不在传说白鹿洞的故事，揭示先贤的哲理。与其说白鹿洞书院供奉着朱子的雕塑，不如说是朱子的《白鹿洞学规》昭告于天下，首创了中国办学的准绳。

当我们伫立于徐岩的丹霞三峰山下，赫然醒目的“象山书院”之摩崖石刻让无数的造访者为之震撼，仿佛看见陆九渊“登而乐之，乃建精舍”“宇宙便是吾心，吾心即是宇宙”，学苟闻道，不舍昼夜。在这片茂林修竹的地方，万千莘莘学子从四方聚来、相与讲习的读书之声远播信江两岸。

当我们伫立于鹅湖书院，竟不知鹅湖不是湖水而是鹅山，似乎昭示“智者乐水，仁者乐山”的哲理。一如当年“鹅湖之会”，学以聚之，问以辩之，行以仁之，从此，百家争鸣成为中国大学学术发展道路。“尊德性”与“道问学”及无极而太极也，千年话题，一直延展。以至于辛弃疾与陈君亦在此“长歌相答，极论世事，纵谈十日，共商复国之计”。

当我们伫立于赣江之畔，白鹭洲依水而居，章贡合赣，一江赣水滔滔北去，多少故事从这里演绎成经典，多少人物从这里擢升为圣贤。“载色载笑，从容水竹间。”从这里走出去的文天祥，写下了“人生自古谁无死，留取丹心照汗青”的千古绝唱，其一身壮士义胆，一腔报国情怀，一代文章节义，乃白鹭洲书院文化之写照。

…………

已经远去是辉煌，不曾离开的是记忆。远去的历史如同人的记忆，会散落太多的碎片，需要重新拾起、还原。也许书志里记录的是遥远的抽象故事，而目光所能碰触到的碎片，给予我们的却是实实在在的景象。捡拾这些碎片，会让我们感受到历史更加鲜活。从历史变迁到自然变幻，总有一些东西是磨灭不了的，虽然无数书院在历朝历代的更替中成为废墟，但在尚存的瓦砾墙垣间，我们依然能看到书院曾经的辉煌气势。它更像古代书院制度的一个封存的标本。

标本便于记忆，历史不能忘记。江右书院已经封存在历史记忆里，但其思想与教化的传承却一直延续至今。江西自古人文荟萃，一个很重要的原因就是江西私学自古十分发达。从孔子开私学之风起，孔子弟子澹台灭明就游学南昌，结草为堂，授徒讲学，尤其唐宋以后江西的书院更是蓬勃兴起：高安桂岩书院和德安东佳书院是我国创办最早的私家招徒授业书院；庐山的白鹿洞书院学规成为后世书院准绳；上饶的鹅湖书院首开学术自由辩论之风；吉安的白鹭洲书院绵延800年，至今仍有3000学子，琅琅书声不断。而到近代，一批优秀的私立学校脱颖而出。尤其是经过改革开放30多年努力，江西的民办教育从无到有，从小到大，由弱到强，成为全国民办高等教育三强，

进入了民办教育大省的行列。书院文化就这样薪火相传，浸润着一代又一代，渗入魂灵、化作基因。那一片源于李白韩愈周敦颐、飘自陆九渊朱熹王阳明的琅琅书声，在新时代继续声声入耳、句句传情，让下一代依然优雅如瓷、坚韧如丝。

书院虽然是一种古老的办学模式，但古老并不代表落后，老树春深更著花。季羡林先生在《中国书院辞典》序言中写道："我们可以这样说，在中国流行了1000年的书院这种古老的办学模式,在今天还有其意义。我们完全可以取其精华,去其糟粕，利用这个形式，加入新的内容，使它为我们的社会主义建设服务。"如今，风靡全国的国学传统教育，足以说明书院的魅力与积极作用。

书院虽然作为教育主体的地位已不复存在，但它决不仅仅是一个供人们参观欣赏的旅游景观，它的精神血脉仍在永不间断地传承着。江右书院缔造的"理学""心学""汉学"，以及由它而衍生的大学堂和现今的高等学府，如逐日的夸父，正随着朝阳前行，成为赣鄱大地上一道亮丽的风景。我们在翻看江西师范大学的简介时，"学校缘起于庐山白鹿洞书院"的表述赫然在目。

作为江西传统文化的瑰宝，书院文化滋养了一代又一代的江西人，为中国的文化教育事业的发展做出了不可磨灭的贡献，书院绝不能消失，也不会完全废止。据江西省第三次全国不可移动文物普查统计，全省现有书院仅存 170 多所。保护与传承书院，是我们后人义不容辞的责任。古人尚且可以“裹粮而来”“结庐而居”，我们完全可以承载历史、精进前行。

幸运的是，江西各地各有关部门和单位在书院保护、研究、利用方面，持之以恒地做了大量的工作，取得显著成效。我们欣慰地看到，在保护利用书院文物的过程中，江西省坚持不懈地开展书院研究，初步形成了以高校、书院管委会、部分文化研究单位学者和专业工作者专兼职相结合的研究队伍，出版和发表了一大批有重要影响的学术成果。

我们有理由相信，只要我们将书院文化遗产保护工作提升到保护中华文脉、民族基因的高度，以敬畏之心礼敬书院，保护好现存的书院建筑，深入研究书院的内在价值，合理利用书院文化资源，就一定能守护好书院文化之根，再现江右文化的时代光芒。

因为，历史给我们的感觉，一直都是如远若离。但历史与当下相连，从未走远。

(2016 年 1 月)

灵动旅游篇

畅游文化时空中的美丽江西

江西古称“江右”，地处长江中下游交界处南岸，她东邻闽浙，南连广东，西毗湖南，北接鄂皖，素有“襟三江而带五湖，控蛮荆而引瓯越”之势。隋唐时期，随着大运河的开通，万顷碧波的鄱阳湖和千里奔腾的赣江水，成了沟通中原与岭南、闽南的交通干线，江西也因为黄金水道的优势，得天时地利而在1000多年里成为中国的经济、文化中心。南宋时期，江西又是江南地区东西交通的要道，更加加固了她的经济文化流动汇聚之地位。

特定的区域地理和历史情境，孕育了兼容并蓄、海纳百川、多元特质的江西文化。在历史的眷顾下，文明与财富，源源不断地在这里融合、发散、输入、输出，辐射整个华夏大地，乃

至东南亚世界。江西风景既有山川秀美之超绝，又有人文风流之震撼，“江西风景独好”必将成为举世共识。

从先秦时代以来，江西文化与中原的交流与传播已经展开，江西文化肇始于汉代、灿烂于唐宋、烈演至大明。历代俊杰共同将江西文化推向中华文明的高峰。历史上，江西是儒释道共宏共荣之区，百花齐放、流派纷呈。这里既是道教正一派的发祥地，又是其他一些道教教派的衍生地，拥有道教 5 小洞天 12 福地，三清山、玉笥山、葛仙山、阁皂山、龙虎山都是著名的道教圣地；这里又是佛教中国化的重要基地，是禅宗诸多宗系的发源地，沩仰宗、临济宗、曹洞宗及黄龙派、杨岐派的祖庭均在江西。理学、心学的昌明标志着儒家思想哲学化进程在江西胜利完成，朱熹、陆九渊为中国儒学中兴的双峰，他们的鹅湖之辩开创了在中国大学里学术自由争鸣之风，产生了深远的历史影响。

千百年来，江西积淀下来的庐陵文化、临川文化、豫章文化、客家文化、书院文化、陶瓷文化、青铜文化、傩文化、古村文化等传统文化都具有世界影响力，江西还拥有国家级非物质文化遗产 46 项、省级非物质文化遗产 478 项。千年瓷都景德镇、千年名楼滕王阁、千年书院白鹿洞、千年古刹东林寺，浓缩了时代的变迁和文化的积淀，名播五洲，向世界辉映着江西文化的光芒与魅力。

这里有无数美丽的传说，关于爱情，关于亲情，关于战争，关于商贾，关于天地，关于鬼神。那些爱恨情仇，经历了多少日出日落，渗透在每砖每瓦的印刻中，一直走到我们身处的时空世界。

时代的洪流裹挟虽然冲散了很多历史印记，而它的灵魂却一直静默着流淌下来，这便是融铸于赣鄱大地上的“文化”。无论世事如何变迁，它总让人温暖，让人仰望，让人敬畏，让人思怀，让人品读。历史造就的奇迹，时间造就的机缘，让赣鄱大地早已生出了一种独特的气息，使这里成为华夏大地上充满着美丽与灵性的一方热土。

有人只忙着“活在当下”，却很少将目光投向过去和未来。走出灯红酒绿的纷杂和笼罩，纵身江西的历史文化，置身交织着人文光芒的美景，在行走中你获得赏阅人类文明的高度，在体验中你收获了思想者的能力和灵气。你以发现者的惊奇，去感受那黄金时代的遗迹，阅读古色今香，追溯历历前尘，长风万里，归于你心。啊，你开启一场江西之旅将是何等地圣明！

徜徉在江西时空的画廊中，你走过的路，听过的乡音，尝过的美食，将通过视觉、听觉、味觉、触觉等一切感观，渗透到你的心灵和记忆深处。一段旅途的结束意味着一种情怀的开始，在今后的日子里，这些感觉会很容易被突然唤醒，你才发现，它们已经把你在生活中抬高了很多。在江西的文化旅游中，你先用眼睛发现，然后，不用眼睛也能看见了，文化的力量会开启你心灵的洞见！

行万里路阅赣山鄱水，读千年书沐赣风鄱韵。江西是华夏文明的一个卓越范本，她是世界了解中国个性的一道简易法门，又是国人追寻文化之根的独好风景。

(2015 年 1 月)

展示江西旅游独特的文化魅力

文化是旅游的灵魂，旅游是文化的载体。随着经济社会的不断发展，旅游者越来越注重对文化的体验和享受，逐渐由原来的单纯看景点向品文化转变，希望能够在旅游过程中获取审美的情趣和精神的愉悦。顺应这种趋势，旅游业也正面临加快转变发展方式、提升发展品质和品位的重要任务。江西旅游在“十二五”规划的开局之年，全省旅游总收入首次跨越千亿元大台阶，旅游接待人数增幅位居全国首位，“江西风景独好”旅游品牌唱响全国，实现了旅游的大发展、大跨越。在此基础上，更加有必要深刻把握旅游发展的科学规律，进一步深入挖掘景区景点背后的文化内涵和底蕴，促进旅游与文化多元、深度融合发展，切实增强江西旅游的独特魅力和核心竞争力。

我们编撰《江西风景独好旅游文化丛书》，正是基于这样一种认识和目的而作出的努力。丛书分《经典山水》《红色摇篮》《鄱湖风韵》《美丽城镇》《佛道祖庭》《历史名贤》《民俗风情》《风物特产》《诗文集粹》《精品线路》10 卷。《经典山水》卷亮出了江西 4 处世界遗产地、12 处国家级风景名胜区和 24 处省级风景名胜区的靓丽名片；《红色摇篮》卷再现了红色故土上井冈山红旗漫卷、八一起义枪声响，风起云涌、可歌可泣的激情岁月；《鄱湖风韵》卷揭开了东方神秘大湖的美丽面纱；《美丽城镇》卷是一部源远流长、日新月异的江西城镇大观；《佛道祖庭》卷讲述了佛道两教在江西的兴盛和光大；《历史名贤》卷历数江西先贤，重演“文章节义之邦”；《民俗风情》卷据实记录江西世代传承的民间文化；《风物特产》卷精彩呈现江西物华天宝的光彩风姿；《诗文集粹》卷精选历代吟咏江西山水风貌的诗文力作；《精品线路》卷是走遍江西的旅游宝典。我们力图通过不同侧面，用尽可能翔实的史实资料，图文并茂，全景式展示和诠释江西秀美的自然山水、深厚的历史文化、浓郁的地方风情，使这套丛书成为可供查阅、检索的江西旅游文化大百科书和旅游从业者的教科书，为促进江西旅游与文化融合发展做出进一步地深入探索。

江西，三面环山，北临长江，扼八省之要冲。据考证，距今一万多年前，赣鄱先民即已开始开发这片热土。万年仙人洞、吊桶环发现的稻作遗址，把世界栽培水稻历史推到了一万多年前。瑞昌铜岭、樟树吴城、新干大洋洲的三次重大考古发掘，见证了商代文明在江南兴盛的历史。汉高帝初年（公元前202年）设豫章郡，自此江西有了明确行政建制。江西人向来以耕田务农为本，读书上进为要，历史上涌现出一大批名贤，为锻造华夏文明作出了杰出的贡献。中国田园诗之祖陶渊明、“中国十一世纪的改革家”王安石、一代文宗欧阳修、理学双峰朱熹、陆九渊、“东方莎士比亚”汤显祖，还有千古忠臣文天祥、《永乐大典》总编纂解缙、一代画圣八大山人、科学家宋应星等，都是名家巨擘，贤才大德。据统计，自唐至清，江西前后有进士1.05万人，占全国的10.67%；文科鼎甲（状元、榜眼、探花）107人，其中状元48人。江西籍历代宰辅近100人。这些知名的文人学者、仕宦举子，流下一万多部古籍，以及大量讴歌江西山水风物的经典诗文歌赋。南昌、景德镇、赣州、九江、吉安等历史文化名城，婺源、浮梁、星子、乐安、高安、安义等地的历史文化名村名镇，滕王阁、白鹿洞书院、鹅湖书院、景德镇古窑、吉州永和窑、赣州宋城遗址群等历史名胜遗迹，犹如一颗颗璀璨的明珠镶嵌在江西的版图，饱经风雨的青砖黛瓦，诉说着绵久而厚重的历史。

江西还是佛道两教重要祖庭。东林寺、净居寺、真如寺、能仁寺、洞山、宝峰寺、百丈寺等佛门圣地，至今每年还吸引无数中外僧徒香客前来朝拜观光。龙虎山、三清山、阁皂山、麻姑山、玉笥山、葛仙山、南昌西山等道教圣地名动海内外。

江西沃野千里，物产丰饶，“泽有鱼虾菱芡之利，山有果实竹木之饶。嘉蔬精谷，擅味八方，田畴膏腴，桑麻沃然”。景德镇为千年瓷都，精美的瓷器及制瓷技艺源远流长，蜚名中外。南昌瓷板画、婺源徽州三雕、歙砚金星砚罗纹砚制作等传统技艺巧夺天工。樟树产四特美酒，又为中药与中成药云集之地，号称“中国药都”。庐山云雾、井冈翠绿、婺绿浮红、遂川狗牯脑等，均为茶中珍品。婺源油菜花号称全国三大花海之一，南丰蜜桔历来是皇家贡品，余江、婺源等地的木雕天下闻名。鄱湖珍珠、万年贡米、宜春茶油、赣南脐橙、南安板鸭、广昌白莲等，都是人们喜爱的名品。江西的矿产资源特别丰富，有“世界钨都”“稀土之乡”的美称，铜、钨、铀、钽、金、银、重稀土“七朵金花”的储量位列全国前茅。

江西自古交通便利，民风纯朴，加上两宋文人治天下的化育，北人南迁徙、江西填湖广的历史演绎，铸就了临川文化、庐陵文化、客家文化、江右文化的时代封印。江西作为中国南北交汇的大通道和民族迁徙融合的聚散地，许多山野乡村保留着各自的传统习俗，颇具情趣，谦恭好客更成为江西老表的性格特征。赣南是客家摇篮，龙南等地的围屋系中国一绝。南丰、婺源、乐安、萍乡等地的民间傩舞流传至今，被誉为中国古代舞蹈艺术的活化石。弋阳青阳腔、江西采茶戏等地方戏曲脍炙人口。鄱阳湖畔的渔村风情，泸溪河上古越族崖墓悬棺葬俗和鸬鹚捕鱼，樟树镇的“药墟”，南昌绳金塔和西山万寿宫的庙会，文港笔市，赣南兴国山歌赛会等，都具有极高的观赏和参与价值。

江西是著名的革命老区，为中国革命做出巨大贡献和牺牲，在中国革命史上具有重要地位。江西有革命遗址 2400 多处，中国革命摇篮井冈山、人民军队摇篮南昌、共和国摇篮瑞金、工人运动摇篮安源、改革开放思想发源地小平小道等为代表的红色圣地，以其光耀千秋的伟大精神，共同构成中国红色历史中的璀璨瑰宝、中国人民自强不息的精魄忠魂。

江西的山水，独特秀美。庐山、井冈山、三清山、龙虎山、武功山、明月山、黄岗山、三百山、大觉山……山山钟灵毓秀；鄱阳湖、庐山西海、仙女湖、陡水湖……湖湖水碧天蓝。从山脉走势看，东部的怀玉山、武夷山，南部的大庾岭，西部的罗霄山、幕阜山，像一道道翠绿的屏障，绵延不绝，环抱赣鄱大地。赣江、抚河、信江、修河和饶河，像五条舞动的丝带，汇集成烟波浩渺的鄱阳湖，最终向北流入长江。山水含灵，交相辉映，使江西既具有温婉灵动的江南之美，又不乏奇崛峭拔的峥嵘之气。

这里是红色摇篮，这里是绿色家园，这里是古色厚土，这里是神奇的江西。毛泽东同志曾经称赞江西“踏遍青山人未老，风景这边独好”。这套丛书取“江西风景独好”为题，一方面是要表达对历代先贤和大自然丰厚馈赠的最高礼赞，另一方面也借此进一步宣传和推广江西旅游品牌。我们衷心希望这套丛书能够得到广大读者的喜爱，让更多的人了解江西、走进江西、游在江西、乐在江西。

（此文系《江西风景独好旅游文化丛书》总序，2012 年 4 月）

人在旅途

当诗意遇上光影，哲思与山川会合，人类成为大自然的知己。

按下快门，在几十秒甚至是几百分之一秒的时间里，摄影家完成了一次与自然的完美对话。

万物静美，光影无声，总是在等待懂得的人去发现。

作品如人品，邬小辉的摄影作品，或得之偶然，或匠心巧运，意境丰富，风格明朗。那溢出相纸的思绪，是一次次与诗意流淌的大地交流，瞬间定格的景物，让人看到摄影家与拍摄对象的那份默契。《诗品》有云："气之动物，物之感人，故摇荡性情，形诸舞咏。"作者对于自然所要表现的情感，只有"入乎其内，出乎其外"，在沉静的回味中达到物我两相忘的境界，才能使之成为一个完整的可捉摸的形式和生命。

英国诗人华兹华斯说："诗起于沉静中回味过来的情绪。"对于摄影艺术，莫不如是。心随物感，性移入境，当自己的情感与自然融合，仿佛与美方圆默契，互生灵犀。因此，看似寻常的山川风物，通过摄影者的镜头，我们同样可以与之产生心灵的交流。

更难得的是意境与哲思。一幅作品，就是一首诗，万千气息在汩汩流动，景物所蕴涵的语言呼之欲出。作品超越感性，沉寂于空灵唯美的艺术化境。春蕴舒畅，秋气悲肃，莫不摇动着人的心灵。“思与境谐，意与境浑”，自然的意象与美学的意蕴相融合，生命的哲思通过完美的表达，实现了艺术的再造。看那光线如瀑，倾泻而下，于昏冥中感受大自然神圣的召唤，我们甚至能明白人类的信仰由何产生；听那阳光与古老的建筑合唱，旋律在明暗之间跳跃，时空气息扑面而来，让观者不知身在何处；那幽深的桦林，是岁月静好，而谁与谁的相遇，抵得过清冷时光里的一声叹息？当自己也成为光影的一部分，你是一道看不懂的风景，还是存在于别人的梦境？在异域风光里，落日的雄浑，大海的辽阔，人类只是渺如沧海一粟，人无论在哪里，最终还是要回归到自己。

“当我们在拍摄时，我们在拍摄什么”，在他的照片里，我们总能想到更多……

(2014 年 7 月)

看书游江西

旅游，是一个古老的话题。

旅游，也是一个现代的话题。

旅游，更是一个常说常新的话题。

在中国古代，《五经》中的《周易》就有“旅”“观”二卦，卦辞对“旅行”和“观光”进行了表述。先秦文献《穆天子传》中，也有周穆王驾八骏巡游的生动记载。就江西而言，历代文人墨客留下的旅游佳作举不胜举。以世界级名山庐山为例，《史记》中就有夏禹、秦皇、汉武、司马迁浮长江登庐山的记载，陶渊明、李白、孟浩然、白居易、苏东坡、王阳明等许多大诗人也都有题咏，明代旅行家徐霞客则有生动的游记。

旅游作为一门学科，作为一种行业，则是近现代才兴起的

新的学科和行业。江西学者伍飞先生对全球旅游进行了探索性的研究，并就此访问了60位外国驻华大使，撰写了被誉为旅游界“圣经”的《旅游整合世界》，其观点为世界许多政要、东西方学者和国际旅游从业者们所认可。诚如伍先生所言：“旅游整合世界，共享人类文明。”蓝色的地球，五大洲、四大洋，寒温热三带，有说不尽道不完的自然的和人文的旅游景观。从遥远的上古到21世纪的今天，人类文明的步履行进了几十万年，踏遍了全球。现今，人类还正在向地球外的宇宙，进行不断地探索，遨游太空也已成为现实。因为大自然的神工鬼斧与人类无尽的创造力，自然的与人文的遗产遍布寰球。对于旅游业来说，毋庸置疑，这一切都是可以利用的巨大的资源。人类有着不同的肤色、不同的民族、不同的语言文字、不同的宗族信仰、不同的风俗民情，但是，就旅游的概念而言，这一切都可以打破，这一切也都正在被打破，地球村的村民们共享着大自然的馈赠和人类自身所创造的文明。旅游，既是人类享受生命的一种特别方式，也是人类社会不断和谐发展的巨大的推动力。

江西，地处长江中下游的南岸，古称“吴头楚尾，粤户闽庭”。这片自然造化所眷顾的赣鄱大地，这片先民们生息繁衍、开发了几万年的赣鄱大地，旅游景观之丰富为世人所瞩目。江西市市有名山大川、县县有旅游景点，旅游资源种类多、品位高、潜力大。拥有国家旅游资源标准分类八大类155种基本景观中的153种，有世界遗产地5处，世界地质公园4处，5A级以上旅游景区6处，国家级风景名胜区14处，综合评价位居全国前列。红色旅游资源、绿色山水资源、古色历史文化资源交相辉映，这些丰富的资源，不仅仅是江西的，也是中国的，更是为世界所共享的巨大财富。

为了更广泛深入地推介江西的旅游产品，进一步提高江西旅游形象品牌在海内外的影响力和知名度，不断拓展江西的客源市场，更好地为游客服务，自2013年5月中旬开始，江西省旅游协会与江西人民出版社联手，精心策划、组稿、审阅，编辑出版了《游遍江西系列旅游丛书》。这部丛书共分11册，每册约8万字，是一套系统的全方位的介绍江西各地旅游文化资源的精品图书，既有权威性，又具可读性强；也是一套供自驾游和自助游爱好者参考的旅游指南，图文并茂，简明实用。这项重要的旅游文化出版工程，可用“精、全、细”三字来概括。精，即不仅图书是精品，介绍的旅游资源也多为精品；全，即一套在手，江西的旅游资源基本上尽收眼底；细，即一册在手基本的旅游信息里面都有，体贴细致。江西的旅游资源、文化遗产，正在为天下人所共享，而这套丛书的问世，其作用与意义将不言而喻。

江西是个好地方，道不尽自然的壮丽和秀美；江西是个好地方，说不完人文的深厚与绵长！这里是神奇江西——物华天宝，人杰地灵；这里是美丽江西——青山绿水，如画如诗！

（此文系《游遍江西系列旅游丛书》总序，2014 年 4 月）

图文绘华章

江右大地，锦绣赣鄱。

天地造化，何其厚爱这方热土，让她拥有如此灵秀山川。

古往今来，世代创造与建设，在这里成就了无数人文风流。

人文圣山庐山、革命摇篮井冈山、峰林奇观三清山、世界瓷都景德镇、最美乡村婺源、候鸟天堂鄱阳湖等如颗颗镶嵌其间的明珠美玉，浑然天成。

庐陵文化、临川文化、豫章文化、客家文化、书院文化、陶瓷文化、青铜文化、傩文化、古村文化……错落分布成丰富多元的文化板块，各具个性。

绿色家园，红色摇篮，古色厚土。自然与人文在这里相生相成，历史与现实在这里层累辉映。

从唐代才子“物华天宝，人杰地灵”的由衷盛誉，到当代伟人“踏遍青山人未老，风景这边独好”的激情诗赋，都表达了对风景江西的至高礼赞。

在可持续发展成为主旋律的今天，江西的绿水青山、厚重人文，正期待着江西儿女赋予她老树着花的时代新意，推动她焕发出勃勃生机。

在“新常态”的视野中，现代旅游业无疑有着重要的意义：她是满足群众精神需求和实现文化价值的重要载体，是生态文明建设的重要依托，是实现经济增长的重要途径，是国家外交的重要内涵。盘点脚下的乡土家园，丰厚生态与旅游资源，既是江西最大的特色与优势，也是推进江西科学发展、绿色崛起的潜力所在。大力发展旅游业，是把生态效益转化为经济效益的最有效方式之一，也是统筹城乡发展、实现同步小康的重要途径之一。近年，江西省委、省政府在深入分析旅游产业发展规律的基础上，结合江西经济社会发展实际，做出了旅游强省的重要战略选择，提出将旅游业当作江西发展的重要支柱性产业，要求像抓工业化城镇化那样抓旅游，加快推进旅游转型升级，实现旅游跨越发展，真正把江西建设成为产业规模、综合效益、品牌影响、发展活力更强的旅游强省。

红枫驿馆

金山银山与绿水青山，经济富与生态美，富民产业与幸福事业，江西大地上正奏响美妙的发展和弦。高位推动、各地发展、社会关注，实施旅游强省战略，打造旅游升级版，江西人民正努力开创一个旅游强省建设的新格局、社会经济发展的新境界。

整合资源，组建集团，建立机制，出台《意见》……旅游产业发展已然在江西上升为一项全局性工作和系统性工程。今天，我们新创《旅游画刊》，意在构建一个为江西旅游发出声音、展示风景、推广资源、贡献智慧的广阔平台，为促进江西省旅游产业大发展助力。

天地有大美，图文绘华章。在江西旅游业前行的步伐中，我们期待《旅游画刊》的努力与作为。

（此文系写给《旅游画刊》创刊，2015年9月）

光耀千秋汤显祖

因情成梦，因梦成戏，玉茗堂主人汤显祖走过了六十七年的戏梦人生。

2016 年是不寻常的一年。其中的一件大事是，汤显祖逝世四百周年。四百年，时代迭变，山谷陵替。沧桑澒洞的历史风尘，无情而又公正地销蚀、暗淡了多少世间物什——寻常卑微如农家的竹篱与茅舍，显赫威严如帝王的权杖与冠冕。但令人感叹的是，汤显祖这位当年多如牛毛的七品县令，却在历史的大浪淘洗中被后人不断追怀崇仰，成为与同时代的莎士比亚双峰并峙、中外辉映的文学巨人，被联合国教科文组织评定为百名国际名人之一；他业余创作的“临川四梦”，以精美文字构建起的爱情经典世界，却从狂欢堕落而又戾气深重的大明帝国，穿越中国封建时代晚期幽暗隧道的重重壁障，生发成一缕刚健明亮的人性光芒、一股情深自然的精神力量，历久而弥新。

从文化的意义来看，2016 年是不折不扣的“汤显祖年”。

在全国，多种汤显祖集隆重出版，多种“临川四梦”重排上演，多种研究丛刊发行问世。还有系列性的纪念活动，已经或正在全国各地隆重举行。

其中，有三个相关消息，值得特别注意：

一个是政治领袖的郑重倡导。2015 年秋，国家主席习近平访问英国，在伦敦金融城市政厅发表题为《共倡开放包容共促和平发展》的重要演讲。他说：“中国明代剧作家汤显祖被称为‘东方的莎士比亚’，他创作的《牡丹亭》《紫钗记》《南柯记》《邯郸记》等戏剧享誉世界。汤显祖与莎士比亚是同时代的人，他们两人都是 1616 年逝世的。明年是他们逝世 400 周年。中英两国可以共同纪念这两位文学巨匠，以此推动两国人民交流、加深相互理解。”2016 年 9 月 14 日，中央专门在北京人民大会堂召开纪念汤显祖逝世 400 周年座谈会，高度评价汤显祖是我国文艺史上的一座丰碑，他创作的《牡丹亭》等作品具有永恒的艺术价值。要礼敬优秀传统文化，增强中华文化自信。

另一个是学术界的由衷致敬。2016 年 4 月 23 日，是世界读书日——这是一个联合国教科文组织为纪念莎士比亚忌日特

意设立的节日。上海思南路“文学之家”举行“汤显祖和莎士比亚——从翻译看东西方文化交流”座谈会。著名翻译家屠岸在这个会上预言：“从伟大性上讲，这两位戏剧家不相上下。之所以在一个时期内，莎士比亚的世界影响比汤显祖大一些，是因为大英帝国曾经是日不落帝国，殖民地遍布世界，所以莎士比亚，还有英国文化借助大英帝国国力传遍全世界。但中国国力在很长时期里显然不如英国，现在中国崛起了，汤显祖扩大、甚至赶超莎士比亚的世界影响也就可以预期了。”

还有一个是他的家乡抚州人民举行的精彩纷呈的纪念活动。数百名海内外专家学者畅谈汤翁文化，数千人花车戏剧上街巡演，数万人热烈追捧。他们还将乡音版的《临川四梦》演到国家大剧院、北大、清华，得到首都各界高度评价。在抚州，耸立起汤显祖大剧院、汤显祖纪念馆、汤显祖墓园，还建起了梦乡、梦山、梦湖、梦台、梦街，表达了人民对古代先贤的尊崇。

政治领袖，秉持着对现代文明的认同与尊重，希望中英两国通过共同纪念两位文学巨匠的方式，来推动东西方文化交流、理解与共进，共享人类文明成果。

文人学者，则放眼今天实现中华民族复兴的中国梦这一时代大背景，对汤显祖及其所代表的人文中国的当代命运，前所未有地充满文化自信。

人民群众，则是感谢历史名贤给后人留下的宝贵文化遗产，为今天的文化旅游发展提供了丰富的养料和精神财富。

一介“清羸故多疾”（汤显祖《三十七》）而又蹉跎官场、蹭蹬穷老的文弱书生，几部在暗淡晚明的南方民间庭院里写出的戏曲，何以葆有如此强大的文化生命力，以至于成为当今东西方世界沟通融合的重要历史文化资源？早已荡然无存的临川玉茗堂，到底凝聚生发出一种怎样的历史文化精神，值得我们一再寻踪朝圣、感怀致敬？

无论对于今天的为官或为文者，我以为，至少在下面几个方面，汤显祖身上有其闪光之处值得我们发掘与记取。

首先值得一再大书特书的，自然是汤显祖的至情思想。无论是《牡丹亭》中开宗明义“情不知所起，一往而深。生者可以死，死可以生。生而不可与死，死而不可复生者，皆非情之至也”的言说，还是《南柯记》中的题词“梦了为觉，情了为佛”，又或是《宜黄县戏神清源师庙记》开头所强调的“人生而有情”，关注人情，尊重人性，是汤显祖精神世界最为后人所崇仰认同的文化价值。“后世相知或有缘”，在旷世经典《红楼梦》之《含耻辱情烈死金钏》一回前，录有汤显祖诗以待知音：“无情无尽却情多，情到无多得尽么？解到多情情尽处，月中无树影无波。”这分明是伟大的曹雪芹在“至情”论谱系上向前辈汤显祖的隔代致敬。从根本上说，文学发展历程与人性同步；作品越体现出人类本性，就越能与读者的感情相通。海外学者陈世骧先生曾说，与西方史诗不同，中国文学的荣耀别有所在，在于其抒情诗。从《诗经》“根情，苗言，华声，实义”开始，情感一向被视作中国诗学之灵魂。汤显祖应和于明代中后期王学的兴起和思想文化的跃动，将中国文学的抒情传统推到极致，建构起他的“至情”思想世界。“世总为情”，有情的人生与世界才是健康人本的世界；而“内欺己心，外拂人情”（袁宏道语），则是不值得过的生活。说到底，呕心沥血写出“玉茗堂四梦”，汤显祖意在以戏曲救世、用至情悟人。他充满浪漫主义色彩的爱情经典，其魅力绝不仅在于情节结构的离奇、曲词音律的优美，更在于其对“至情”的追求,以及对精神自由、个性解放的张扬。借梦抒怀，正是其对至情至真、至善至美的认同，对理想社会的追求，对人的自我价值的肯定，使得汤显祖的作品体现出超越时空的思想探索与人文关怀，生发出当代性意义。

其次是汤显祖的淑世情怀。文学史家多以单向度的戏剧家、诗人之名来定位汤显祖。其实像中国大多数文人一样，汤显祖的社会身份首先是一位传统的士大夫。早年努力读书参加科考，中年宦海沉浮，晚年闲居寻梦，他的一生，像中国大多数读书人一样，走过了由庙堂官场到乡里民间、从儒家精神入世转向道家精神出世这一人生轨迹。但超世、游世与玩世，从来都不是中国传统士大夫的本色，他们的精神底色，永远是入世与淑世占据主导，永远是不可救药的乐观主义者。与莎士比亚纯粹钟情于戏剧不同，汤显祖的早年理想，当然是儒家式的治国平天下的政治抱负。而此后尽管仕途坎坷，他依然不失爱国忧民之热肠。不管是早年的“俊气夺一”，还是中年的理想受挫，汤显祖从来没有选择逃避与解脱，而总是葆有一个知识分子的使命感，在苦闷逼仄的时代环境中，努力践行自己的理想，以求心安与理得。即使终其一生，大好年华多有赋闲，最高只做到七品芝麻官，汤显祖仍然为官清廉，勤政务实，以出色的行政领导和管理才华，治理地方公务，发表政见。在流放的蛮荒之地岭南徐闻，他首建书院，推行斯文教化。后来治理遂昌县，他不仅首抓文化，还灭虎兴农，以《劝农》诗与民同乐；宽宥狱囚，抑制豪强，“斗大平昌，一以清净理之，去其害马者而已”（《答李舜臣观察》）；祛除矿税恶政，减轻民生负担。“纵使文章惊海内，纸上苍生而已。”当他偶尔从玉茗堂书桌前放下手中以情织梦的笔，走出庭院，“四面河山归眼底，万家忧乐到心头”，系之念之者，仍然是无法释怀的民间疾苦。己饥己溺，民胞物与；世间冷暖，情里梦里，汤显祖从来就没有走向缥缈虚无。终其一生，他都是一个挚爱在人间的唯情主义者、一个热心肠的淑世主义者。他为后人所推崇的“至情”，绝不是沉溺于个体的、小我的“唯情”，而是寄寓着社会性的、大我的人道关怀。率性，悯世，爱民，汤显祖的“至情”思想，至少包括主张真情、个性解放、关注民生等丰富的社会历史内容。虽说以戏剧大师之名垂诸后世，但我们同样应注意到汤显祖作为一个有良知的政治家、进步思想家和反封建斗士的本色身份。今天在欣赏精美瑰丽的“四梦”文字之余，我们不能忽视汤显祖作为传统士大夫淑世情怀的当下意义。

还有汤显祖的俊伟人格。一纸《梦丹亭》，写尽汤显祖这个南方书生的温柔多情；但多情的表面之下，他骨子里更有着亢直硬气的士大夫精神、光明俊伟的人格力量。在文学观上，汤显祖不愿意追随时流，对当时流行的奉形式主义、复古主义与摹拟为圭臬的“后七子”文学进行严正批判，而大力发扬现实主义的文学主张，以至惹得当时的文坛大佬恼怒不已。在政治态度上，生逢河决鱼烂的晚明，有感于严峻迫切的现实问题，汤显祖不惧权势，向颟顸多忌的万历皇帝呈上《论辅臣科臣疏》，抨击当朝政治腐败、上下怠荒渎职，锋芒直指万历本人。书生拍案，以道抗势，气贯长虹，但汤显祖最终被贬官去职，“谪向边城为小吏”。“一生爱好是天然”，作为性情中人，汤显祖不愿交接权贵；平生师友，多如李贽、徐渭、紫柏禅师等后来以叛逆、落拓、边缘性文人之名进入历史的人物。年轻参加科考求进之时，权倾天下的首辅张居正为了帮衬自己的儿子，向汤显祖伸出橄榄枝试图延揽入怀。对于别人来说求之而不得的美事，汤显祖却因为不愿同流合污，以“吾不敢从处女子失身也”而峻拒攀附，为此名落孙山，付出了大半生科场坎壈不顺的沉重代价。为官之时，汤显祖两袖清风，孩子“虽为县长儿，饥寒在身口”；他劝儿子“游闲不是儿家业，大好归来学种田”。历经十余年的蹉跎，好不容易稍微迈上仕途，一次“大计”（考察），汤显祖看穿了在混浊官场难有作为，干脆退出政治舞台，弃官归家。从清远楼到玉茗堂，从“忙处”到“闲处”，从庙堂到家居，他以精神高洁的归隐，觅得心灵的宁静。狂者进取，狷者有所不为。汤显祖的批判精神与俊伟人格，固然表现在有所不为的清高与退处，但面对民间疾苦等方面，他又细察敢言，从不苟且缄默。大疫之年，面对“江淮西米绝，流饿死无覆”“犹闻吴越间，叠骨与城厚”的人间惨象，他愤而发出“精华豪家取，害气疲民受”的谴责之声，不禁让人想起唐代“诗圣”杜甫的名句“朱门酒肉臭，路有冻死骨”。即使在归隐乡居后，闻说“都城渴雨，时苦摊税”，汤显祖即愤而写下“五风十雨亦为褒，薄夜焚香沾御袍。当知雨亦愁抽税，笑语江南申渐高”（《闻都城渴雨，时苦摊税》），人道主义情怀，力透纸背。在党和国家正大力倡导营造风清气正的政治生态的今天，汤显祖身上亢直硬气的士大夫精神、光明俊伟的人格力量，可说正是一种值得发扬倡导的千古风流。

总之，汤显祖以情入梦，借梦抒怀，用他的伟大著作描绘了一幅晚明社会的广阔图景，他严厉批判现实的丑陋，尖锐地揭露官场黑暗，不断提出救世良方并努力实践，竭力寻找自己的理想社会：社会公平和人间正道，道德高尚和精神探索，爱情自由和婚姻幸福。他的戏梦人生体现他对至情、至真、至善、至美的追求和向往。因为如此，在人类文明的苍穹下，汤显祖其人其文，才得以光耀千秋——无论东方与西方、古代与当下。

(2016 年 12 月)

江西旅游商品：创意独特精彩新颖

大力发展旅游商品，是推进江西旅游产业转型升级的重要举措。江西具有丰富的旅游资源，要下大力气搞好旅游商品开发，最大限度地满足游客购物需求。近年来，我省连续举办了两届旅游商品博览会，推出了一些优秀旅游商品。

在2013届江西旅游商品博览会上，景德镇忆千年的《古瓷饰品》宋元明清系列作品获得了特等奖。在2014届江西旅游商品博览会上，作品《福寿富贵》又以其创新的理念、丰富的文化表现拔得头筹。综观这两届特等奖作品，不难发现它们均创意独特、精彩新颖，具有深厚文化底蕴，深受游客喜爱，代表了江西未来旅游商品发展的方向。

景德镇忆千年的《古瓷饰品》系列作品，采用了景德镇地下出土的宋、元、明、清四朝民窑真品瓷片标本，或为一株花，或为仕女图案，经纯手工纯银镶嵌并镀铂金制作而成，年代跨越千年历史。宋朝的影青、元明的青花、清代的粉彩及颜色釉均为其代表品种，方寸之间，就让人们真正领略到了景德镇乃至中国千年的陶瓷发展史与千年来劳动者的智慧，进而一窥中国文明的源远流长。

《福寿富贵》这件作品，借鉴了佛教中观世音菩萨手的形象，取佛手的“佛”与“福”、“手”与“寿”谐音，又取国花牡丹富贵之意，将二者完美融合，诠释“平安即有福，弘德即长寿，知足即富贵，适情即自在”的人生哲理，并全面展示了景德镇陶瓷白如玉、明如镜、薄如纸、声如磬四大特征。让游客在游览之余把景德镇灿烂文化、佛教启示、人生哲理带回家，并且更广泛地传播出去。

这些产品因创意而具有唯一性和独特性，又兼具厚重文化、艺术美感、携带方便、便于传播等诸多优点。江西要大力发扬创新精神，研发出更多闻所未闻，见所未见，展示奇思妙想，令人耳目一新的优秀旅游商品，不断改善游客消费结构，提高旅游产业综合收入，为促进江西旅游转型升级、建设旅游强省做出新贡献！

(2014 年 10 月)

文化创意与市场需求的优美聚合

发展旅游商品是增加旅游消费，促进旅游业转型升级的重要一环。近年来，在省委、省政府的高度重视和各地各景区的积极参与下，我省连续成功举办了三届旅游商品博览会，为省内外旅游商品生产企业搭建了一个展示、交流、销售和合作的重要平台，扩大了江西旅游商品的影响力和竞争力。特别是 2015 江西旅游商品博览会，规模更大，内容更加丰富，3000 余种旅游商品参展，共有 13.5 万人次进场参观、咨询和消费，累计签约 2.23 亿元，一大批创意独特、贴近市场需求、文化底蕴厚重的旅游商品涌现出来，深受游客喜爱。本届旅博会继续采取比赛和展览相结合的方法，经专家评选组认真评选，在各设区市推荐的 260 余件参赛商品中，评选出特等奖 2 个、一等奖 10 个、二等奖 20 个、三等奖 40 个。

中西合璧　天下归心

创意是旅游商品的生命。在今年的江西旅游商品博览会上，景德镇青花胭脂红瓷具系列拔得头筹，荣获 2015 江西旅游商品大赛特等奖。它最大的特点就是将东方的青花瓷与西方的胭脂红相结合，进行了独具匠心的创意制作。青花瓷是中国瓷器的主要标志，适用范围较广。而胭脂红是荷兰人卡西亚于 1650 年发明的一种以金着色、带有紫色调的粉红色彩釉，由于釉中含金，常被称为“金红”。清乾隆皇帝曾指定其为御用瓷。此次获奖的青花胭脂红瓷具系列商品便是在“接地气”的青花瓷的基础上，加入了胭脂红这个充满“贵族气”的“西洋玩意儿”，既代表了皇家风范，又体现了民间风情；而且制作精美，锐意创新，通过不同温度的六次烧造始成形，表达出“四海同心、天下共庆”的寓意。

除此之外，值得一提的还有三清山印象多层剪纸系列。该作品通过细腻的手法和特色的剪纸语言，多层次表现出各种人像、物象和景象，做到了栩栩如生，一目了然，在传统的剪纸文化上体现了创新的理念，荣获了本次大赛的一等奖。

紧贴生活　方便实用

本次参展的旅游商品不再“土豪”“高大上”，不少贴近市场、贴近生活、小巧轻便的旅游商品亮相今年的江西旅游商品博览会，让游客在参观之余，将具有江西特色实用生活品带回家，并传播给更多的人。

荣获一等奖的富贵荣华饰品系列，就是其中的代表之作。它运用百花锦地的装饰手法，将牡丹、菊花、荷花、月季、海棠等绘在了手镯、吊坠、耳环、戒指、领带夹上，五彩缤纷、不留空隙、层次感强，仿佛百花堆聚，万花怒放，寓祥瑞之意。这种装饰手法最早出现于清雍正时期，是紧随粉彩的产生而出现的，俗称“百花不落地”。乾隆时期，随着粉彩逐渐成为瓷器的主流，百花锦地作为粉彩的一个重要品种，逐渐发展成熟，其花朵种类繁多，彩料颜色鲜艳，绘画手法细致。此次获奖的富贵荣华饰品系列具备典型的乾隆时期特征，给人一种迎面而来密不透风的美。整个系列商品造型优美，百花怒放，各尽其妍，平添尊贵吉祥之气，让人赏心悦目。

受到游客好评的还有夏布绣衍生品《名片夹系列》，它采用夏布为绣地，将粗犷古朴的夏布与刺绣艺术相结合，设计新颖，制作精美，携带方便，彰显了江西民间传统文化特色。

同样，来自九江市星子县的时珍牌长寿保健按摩神枕、来自宜春市的百丈禅箸系列产品、来自抚州市的聚财化煞送福转运钟馗吊坠、钥匙挂等，均因方便实用又兼具时尚美观、文化寓意深刻等优点，在本次大赛中获奖。

底蕴厚重　文化传承

与青花胭脂红瓷具系列同获 2015 江西旅游商品大赛特等奖的，是九江市修水县选送参展的砥柱铭蚕丝画卷。它来自于北宋书法家黄庭坚的《砥柱铭》卷。黄庭坚是北宋书坛的杰出代表，与苏轼、米芾、蔡襄并称“宋四家”。在黄庭坚的众多作品中，《砥柱铭》卷是其散落民间的最重要的书法瑰宝之一，该手卷长达 11 米，画心长 8 米，大字行书凝练有力，结构独特，内容是黄庭坚生前最为推崇的唐代宰相魏征写的《砥柱铭》，全文 407 个字。卷上有宋代贾似道、明代项元汴直至清代、民国藏家的大量题跋和钤印。2010 年，它以 4.368 亿元拍卖成交，创下了至今无人打破的中国艺术品拍卖成交价格的世界纪录。修水为黄庭坚故里，为纪念先贤、弘扬修水文化，修水县研发推出该系列旅游商品，将《砥柱铭》拓印于本地蚕丝布帛上。这是黄庭坚书法名作首次制作成真丝织锦成品，长 4.2 米、宽 0.3 米，美观大气、质量优异、文化厚重、艺术性强，便于携带，对于继承传播江西地方文化意义重大，极具旅游纪念和收藏价值。

此外，鹰潭的“正一符韵”铜木香炉、景德镇的青花玲珑系列（飘香碗、鸡缸杯、梅瓶、春夏秋冬杯）等旅游商品，都在承袭历史的基础上，重新诠释了传统文化的内涵与魅力。

2015 江西旅游商品大赛圆满落幕，为江西旅游商品的大发展奠定了新起点、开创了新空间。我们深信，江西旅游人必定会以更大的热情，创造出更多、更新、更好的能满足广大游客需要的旅游商品。江西旅游商品一定会取得更大成功。

（此文系“2015 江西旅游商品大赛”获奖作品巡礼，
2015 年 10 月）

江西茶文化与生态旅游

江西茶叶发展的历程，不仅孕育和积淀了深厚的江西茶文化，同时也为江西茶文化旅游打下了坚实的基础。

首先，江西产茶历史悠久。

据《庐山志》记载："东汉时，庐山僧侣劈岩削谷，取诸崖壁间栽种茶。"唐代，江西茶叶的发展更是得到空前的发展，当时的浮梁、婺源一带，不仅是重要的茶叶生产基地，还是重要的茶叶贸易集散地，饮茶之风极为盛行。茶圣陆羽在《茶经》中曾有"(茶)生婺源山谷"的记载，白居易也在《琵琶行》留下了"商人重利轻别离，前月浮梁买茶去"的千古绝句。北宋黄庶、黄庭坚父子将家乡精制"双井茶"推赏京师，赠京师名士苏东坡等，一时名动京华，欧阳修在《归田录》中将之誉为"草茶第一”。元明清时期，江西茶叶不仅被列为贡品，还通过海上丝绸之路出口到欧洲等地。江西是世界绿茶生产“金三角”的核心区，绿茶品质在全国名列前茅，素以“颜色碧而天然、口味香而浓郁、水叶清而润厚”的特征而驰名中外。江西还是红茶的起源地之一，据《义宁洲志》(古代义宁为现在修水)记载:“清道光年间，宁茶名益著，种蔺殆遍乡村，制法有青茶、红茶、乌龙、白毫茶砖。”

其次，江西茶品质上等。

由于江西优越的自然环境和一如既往的生态保护，孕育了赣茶优异的自然品质。遂川的狗牯脑茶于1915年获巴拿马博览会金奖，婺源的“协和昌”珠兰精茶、“益方”绿茶同获一等奖。“庐山云雾”“婺绿”“宁红”“浮红”等享誉国内外。据不完全统计，江西茶叶品牌获国际国内大奖50多个。无污染、无农药残留已成为江西茶叶的一张名片。近三年，农业部对我省茶叶抽检合格率都达到100%，位居全国第一位。

第三，江西茶文化旅游风光秀美。

江西各类历史文化资源、自然景观资源众多，茶文化旅游景点和其他景点交叉组合，茶文化、古色名迹、绿色家园、红色摇篮融为一体。如庐山云雾茶园位于海拔800米以上的汉阳

峰，周围有谷帘泉、招隐泉、聪明泉等名泉，好山、好泉、好茶，相得益彰；井冈翠绿产于茨坪景区，茶绿竹翠，景色宜人；狗牯脑茶产于遂川狗牯脑山，山内汤湖温泉四时不绝，热气成雾，萦绕全山，极具魅力；婺绿产于“中国最美的乡村”，茶林郁郁葱葱，小桥流水、徽派建筑掩映其中，令人陶醉。

第四，江西茶艺茶俗丰富多彩。

茶艺茶俗作为原生态、原汁原味的民间习俗，正好与旅游业发展所追求的自然、原汁、生态相吻合，倍受旅游者多样化形式的需求青睐。江西人民在长期的饮茶过程中，对茶赋予了诸多的精神内涵，各种茶俗茶艺集观赏性、知识性、参与性于一体，给人们求新、求知、求奇、求美的体验。江西的茶俗有以茶为题材的故事、悦耳动听的采茶歌、婀娜多姿的采茶舞、风趣幽默的采茶戏、风格各异多姿多彩的茶艺表演等。例如，婺源茶俗重内质，具有淳朴、亲切的乡土气息，且注重敬茶的有序，同时追求汤清、气清、心清、境雅、器雅、人雅的境界。井冈山民歌《请茶歌》，资溪的“吃茶”“喊茶”“传茶”，贵溪的“传茶会友”等极具浓郁的地方色彩。此外，明清以来形成的采茶歌、采茶灯、采茶舞，最后形成采茶戏，这是茶文化的直接产品，在全国也是独一无二的，从清代开始就传播各地直至台湾。而茶艺表演融茶俗、音乐、舞蹈、书法、绘画等为一体，较为集中地体现了中华茶文化的丰富内涵。南昌女子职业学校茶艺表演多次应邀到韩国、日本、法国、芬兰等地进行表演。江西“禅茶”茶道也极具魅力，最早在陕西法门寺“首届唐代茶文化国际学术研讨会”表演时，得到各国茶文化专家和茶道表演艺术家的高度赞扬，之后又成为中国茶叶博物馆重大活动的“保留节目”。

第五，江西陶瓷品茗器具精美绝伦。

陶瓷作为饮茶品茗的器具，将品茗和美器紧密结合，提高了茶的文化内涵和艺术境界。江西的种茶、制茶历史悠久，与之相伴的饮茶、品茶的器具的发展也历史悠久，这就带动了烧窑技艺的发展。江西的烧窑技艺一直居于全国的领先地位，为不同品茶器具的发展，为茶文化的传播创造良好的条件。丰城的洪州窑、赣州的七里镇窑、吉安的吉州窑以及景德镇窑等都生产了大量的精美茶器茶具。如吉州窑在宋代烧制的“木叶盏”黑釉茶碗可谓惊世佳作；中国瓷都景德镇，宋代烧造的青白瓷“斗笠碗”，器质甚薄，釉色如玉，堪称传世绝品，明清时期烧制的青花瓷茶具更为世人所熟知。这些瓷窑技艺的发展都为茶与茶具的发展做出了重要的贡献，也为茶文化的发展和推进开创了广阔的空间。

因此，充分挖掘江西茶文化和生态旅游资源潜力，对于推进文化与旅游深度融合，努力做大做强旅游产业，推动江西旅游业更快发展具有重要的意义。

对于如何推动茶文化与生态旅游融合发展，我谈以下三点思考。

1. 加强茶文化旅游研究。

江西是茶文化研究的重镇。江西茶人以江西省社科院中国茶文化研究中心为依托，以《农业考古》茶文化专号为阵地，广泛团结了一大批国内外茶界权威及茶文化研究爱好者，在宫廷茶文化、佛教茶文化、道教茶文化、贡茶文化以及文人雅士茶文化等方面的研究都取得了丰硕成果。要进一步巩固现有成果，加强茶文化与生态旅游融合研究，使茶文化旅游成为江西旅游产业和茶产业可持续发展新的增长点和契机。

一是充分挖掘江西本土茶文化的深刻内涵。这是茶文化旅游的核心、灵魂、主题之所在。江西茶文化有基础，全省各地都是种茶的好地方，江西的水质是一流的，茶具也非常发达，江西的茶文化研究、茶艺表演和茶艺教育都走在全国前列。要进一步凝聚省内外茶文化研究者的智慧和力量，发展发掘、传承和弘扬悠久的茶文化历史，突出地方特色和条件，注重江西茶文化旅游的独特形象设计，推陈出新，宣传造势，不断增强江西茶文化旅游理论研究水平，从理论高度指导行业的良性发展。

二是加快构建茶文化旅游圈研究。江西处处有茶园，从茶园里飘出的清香和茶园美景与江西绿色、红色、古色旅游资源浑然一体，相互交融和映衬，形成一道道亮丽的旅游风景线，为开发新的旅游观光线路，增加旅游内容，充实旅游内涵提供了更多的选择。比如，赣东北的上饶、景德镇等地，是江西古代茶叶生产和茶叶贸易的主要原产地和集散地，茶叶的品质和质量上等，主要有婺源婺绿、得雨活茶、大鄣山茶、庐山云雾等品种，而且朱熹、陆羽等名人墨客在此留下的以茶会友、以茶言情的佳话轶事也数不胜数。在此区域内可以建立赣东北名士茶文化旅游圈，整合茶文化旅游资源，避免雷同性，主推文士古迹、以名人效应带动茶文化旅游，开发以名士问茶、品茶为主题的旅游线路。再比如，赣西北的东林寺、云居山真如寺、靖安宝锋寺、奉新百丈寺、武功山杨岐宗等佛教胜地，慧远、慧永、虚云、怀海等高僧在潜心研究佛学的同时，从茶中也悟出了人生淡泊与雅致，并且他们多能将茶与禅完美结合，形成禅茶一味的境界。我们可以围绕这些资源建立赣西北禅茶文化旅游圈。此外，赣南是客家人居住的主要地区，形成独特的客家人文化，仍保留宋代以前中原茶文化的历史风貌，适合建立赣南客家茶文化旅游圈。

三是开展茶文化旅游功能区研究。可以按照有机茶生产技术操作规程栽培管理要求，建设茶叶绿色生态旅游观光园，供游人观光、采摘、自制等。通过茶文化展示博览园，用图片、文字、影像、实物资料再现茶具和采茶历史的变迁，以及茶道的发展沿革、流派，历代文人墨客、茶人对茶文化的独到见解，向游人展示茶文化的深邃内涵。建设茶文化旅游休闲度假园，将茶园观光、名泉观赏、茶具品赏、茶叶制作、茶艺表演、书画展览、名茶选购等茶文化旅游活动有机结合，观赏性旅游和参与性旅游相互渗透，知识性旅游和娱乐性旅游相得益彰。

2. 打造茶文化旅游品牌。

大家知道，茶都安溪茶文化旅游依托铁观音品牌优势推出了休闲度假、古迹旅游、茶都观光和铁观音发源地探幽等四条黄金旅游线路，聚集了很高的人气。在台湾阿里山旅游，到处都是阿里山高山茶品茗区，既旅游又喝茶又买茶叶，不仅凝聚了人气，也带动了旅游产品的销售。江西茶文化旅游要在竞争中取胜，必须打造出自己的品牌，不断丰富传统的内容形式，打造特色旅游产品。

一是打造名茶品牌。江西茶叶品牌多而杂，目前全省仍有茶叶品牌 700 多个，有的一个县就有 50 多个牌子，没有一个与碧螺春、龙井、大红袍、金骏眉等齐名的茶叶品牌，市场核心竞争力欠缺。婺源婺绿、庐山云雾、遂川狗牯脑、井冈翠绿、浮瑶仙芝、瑶里崖玉、景德镇得雨活茶等都是绿茶中的精品，但是各自特色不足，相似性太多。产茶始于汉、宋为贡茶的中国名茶庐山云雾茶，因没有形成统一的品牌，2012 年产值仅 1.5 亿元。而 2005 年诞生的金骏眉，因注重品牌建设，去年极品金骏眉农业总产值接近 729 亿元。要坚持以省级整合为目标、区域整合为入手、企业整合为重点，以政府支持为引导，打造江西茶叶强势品牌，加大对品牌文化内涵的挖掘，不断注入品牌的历史文化底蕴。要努力打造江西绿茶的强势品牌，加大品牌整合力度，加大宣传，培育江西茶叶“航母”，打造更多的“江西名茶”。

二是打造茶文化旅游品牌。江西茶文化的优势在于历史悠久，茶俗独特，茶文化旅游要在乡村茶俗、民族风情、乡土文化等方面作好文章，提炼鲜明的茶文化旅游体验主题，树立文化品牌。通过设立鲜明独到的主题给游客留下深刻的印象，产生持久的记忆，是给游客树立起品牌的极佳方式之一。我们可以通过构思不同风格的主题，实现优势互补、良性竞争。根据茶文化的特征,设计“茶文化美食”“茶艺交流”“茶文化体验”“茶文化专题游”等主题，通过这些主题的设立，使游客在这其中逐步理解当地茶文化的内涵，树立起良好的品牌形象。婺源上晓起村是江西开发的一处独具特色的茶文化旅游景点，在这里游客可以看到具有悠久历史的运茶古道、运茶推车、山村茶亭、制茶作坊等，还可以在欣赏徽派建筑之余，领略古色古香的茶文化，得到了广泛赞誉。

三是打造茶文化旅游产品品牌。这里面包括精品茶叶；将江西历代茶诗茶画装裱成精美的字画出售，将客家茶礼与各地茶俗按比例缩小雕画在茶具上，既有纪念意义，又展示了江西茶文化的内涵；以茶叶为原料加工成茶饮品、袋泡茶、茶叶食品等，这些旅游产品一方面可以延伸茶产业链，另一方面也为游客购物提供了更多选择。要努力挖掘旅游产品的文化价值，以深层次的文化吸引力抓住游客。如大理白族的“一苦二甜三回味”的三道茶文化，就体现了“人生如品茶，先苦后甜方能回味无穷”的人生哲学。还要提高茶文化旅游区内导游和服务人员的综合素质，充分发挥他们的媒介作用，将茶文化旅游的特色和文化内涵通过旅游产品较完美地传递给游客。

3．提升茶文化旅游内涵。

要发展茶文化旅游，必须充分挖掘历史和民俗文化，充分利用江西的茶文化资源优势，提高茶文化旅游的参与性，提升旅游内涵。要稳妥处理“茶”与“游”的关系，把江西的茶文化与生态旅游发展到更高、更深的层次，实现茶产业和旅游产业的双赢。

一是搭建各类茶文化旅游平台。可以在庐山、井冈山、婺源等景区设立茶艺馆，不仅为游客提供品茗和茶艺服务，而且也为当地群众提供茶文化活动场所。可以结合当地茶文化背景，建立一些茶文化主题公园，利用现有的景观增添茶文化内容，通过移植茶树等方式，展现古人植茶品茗的场景，展示历代众多的茶诗。还可以开辟茶诗画馆，既展示历史名家的诗画，又为现代人提供写诗作画的场所。

二是培育江西茶文化旅游环境。让旅游者到达江西旅游景点之后，在感受江西独特的旅游资源的同时，迅速感觉到江西处处飘茶香。可以在火车站或飞机场设立定时茶艺表演和品茶欣赏活动，由专业人员进行茶文化宣讲；在景区僻静处建设休闲茶馆，一边领略美景，一边品江西名茶。在农家乐地区建大型茶艺馆，让到访游客感受名茶的动人传说，欣赏婉转悠扬的茶歌，体验独特的茶俗。现在，游客越来越热爱体验游，专业人员在讲授“观茶、闻香、浸泡、尝味”的茶艺技巧时可让游客参与其中，感受自己泡茶品茶的乐趣。

三是加大茶文化旅游宣传力度。要深入挖掘茶文化旅游资源，加大各地茶文化旅游推介力度，通过文字、图片、声像等各种形式对各个旅游区的景点进行全方位的介绍，使处于全国各地的游客通过网络，足不出户就可方便地找到自己偏好的茶文化旅游地的信息，从而做好旅游计划，做好预订。要组织不同层次的茶文化交流，为茶文化旅游发展创造新的契机，在宣传和弘扬茶文化的同时，不同程度地推动了茶文化旅游的发展，拓展了文化旅游的发展空间。要以“名人效应”来扩大影响，提升江西茶文化旅游的知名度和美誉度。旅游相关单位、部门尤其是旅行社要加强合作，不断推出茶文化旅游特色线路和活动。要通过广播、电视、报刊及宣传手册、光盘等传媒手段，主动介入客源市场，积极引导潜在客户。要通过新闻发布会、旅游节、公关推介会等介绍自己的产品和线路，大力开展“江西人游江西”。

(2014 年 4 月)

茶文化与“一带一路”

2000年前张骞出使西域，600年前郑和下西洋，通过陆上和海上两条丝绸之路，把中国的丝绸、茶叶和瓷器等产品输往沿途各国，带去了中华古国的文明和友好，赢得了各国人民的赞誉。当前，国家实施的“一带一路”战略，为茶产业发展、茶文化传播带来了前所未有的新机遇。江西作为重点产茶区和“一带一路”的重要支点，要顺时应势，加强茶文化研究与交流，加快提振发展茶产业，促进茶产业转型升级。

一、江西在“一带一路”中的历史地位及突出贡献

在陆上和海上丝绸之路的形成与发展过程中，江西有着重

要的历史地位，为丝绸之路做出了突出的贡献。江西的陶瓷和茶叶从陆上和海上丝绸之路走向世界，世界正是从江西的陶瓷和茶叶认识中国。

（一）江西自古就是海上丝绸之路的重要货源地

江西的瓷器、茶叶、中药、丝绸、夏布等商品，蜚声中外，曾经是海上丝绸之路的主要贸易商品。吉州窑生产的兔毫盏、鹧鸪斑、玳瑁斑，自唐末至宋代都是茶人至爱，通过海上丝绸之路远销至日本、高丽等国；南丰白舍窑、景德镇窑生产的民用瓷由海上丝绸之路行销世界各地；河口出产的“河红”茶深为英国、荷兰人所喜爱，被奉为至尊名茶，誉为“茶中皇后”。

（二）江西是海上丝绸之路和万里茶路的重要枢纽

早在唐代,江西浮梁县已成为全国重要的茶叶交易集散市场，敦煌出土的《茶酒论》中有“浮梁歙州，万国来求”的记载，说明当时浮梁茶已通过陆上和海上丝绸之路远销海外；明清时期，江西铅山县河口镇作为福建、浙江、江西、安徽茶叶的集散中心和重要的外销茶加工中心，享有“万里茶路第一镇”的美誉；九江作为与福州、汉口并列的近代中国三大茶市之一，是“万里茶道”的重要节点城市，拥有茶行数百家，仅 1862 年通过九江关输出的茶叶就达 19 万担，占全国茶叶出口总量的 12%。

（三）江西历史上是沟通南北的交通要道

自唐代中叶到清前期，运河——长江——赣江——北江——珠江这一水路一直是国内沟通南北的大动脉，在这条通道上，江西独占其四分之一，处在南北交通大动脉的中枢，成为内陆通向海外的著名“黄金水道”。陆上和海上丝绸之路中贸易的大量货物，特别是全国各地的名茶，正是从这里源源不断走向世界各地。

二、加强茶文化研究，提升中华茶文化影响力

江西茶文化界在宫廷茶文化、佛教茶文化、道教茶文化、贡茶文化以及文人雅士茶文化等方面的研究取得了累累硕果。当前要紧紧抓住“一带一路”这一复兴中华茶文化、提振茶产业的重大历史机遇，让茶和茶文化成为江西联结“一带一路”沿线区域的桥梁和纽带。

一是要深入研究各国茶文化历史。中国茶叶的发现和传播，是推动社会进步和历史发展的润滑剂，不仅影响了中华文明的历史进程，也影响了世界近代以来的历史发展甚至世界格局。如英国东印度公司为转变购买茶叶等商品带来的贸易逆差，向

中国走私鸦片，引发了中英鸦片战争。英国授权东印度公司垄断北美茶叶等商品贸易，引发了“波士顿倾茶事件”，成为美国独立战争的导火索。英国历史学家约翰·戴维斯认为“(茶)对过去一百年英国人们的生活习惯，有革命性的重大意义”。无独有偶,2006年英国BBC网站对“英国的国家象征”进行票选,“茶”以35.03%的得票率在12个选项中高居榜首。由此可见，茶与茶文化是“一带一路”上许多国家的文化象征。因此，深入开展茶文化历史的学术研究，讲好中国茶和茶文化的故事，研究茶叶如何影响中国，研究茶文化如何成功地影响世界，可以不断提升茶文化乃至中华文化在国际上的亲和力和感召力，对于中华文化“走出去”战略、“一带一路”战略的实施具有重要意义。

二是要增进与各国茶文化交流。茶与茶文化是古今丝绸之路上最重要的商贸物资和文化力量之一。当茶叶传播到不同地区之后，与当地社会文化相结合，丰富了不同国家地区人们的物质与精神文化生活，发展出新的茶文化形态，如韩国的茶礼，日本的茶道，英国的下午茶文化等。一方面要深入细致研究发掘“一带一路”沿线国家与中国茶叶、茶文化的商业与文化交流历史，了解各国自身的茶文化的发展与内涵，研究各饮茶国家自身独特发展的茶文化艺术；另一方面要加强与“一带一路”

沿线国家和地区的茶文化交流，通过联合举办主题研讨会、文化推介会、重大学术项目合作研究等形式，促进不同国家、不同文明之间的宗教、文化、民族等方面交流与融合，这对于我国与“一带一路”沿线国家和地区建立政治互信,增进文化认同，加强心理沟通具有重要意义。

三是要提升中华茶文化引领力。茶兼有物质性与文化性两大特性，既是享誉世界的文明象征，又是东方生命伦理和生态哲学的集中体现，还是中国一个能见度很高的国际话语体系。中国茶之花色、形状、香气、汤色、口味、器用审美等，反映与展示了中国茶文化的特质，融合了儒释道文化的哲学思想，凝聚了中华民族“以和为贵”“诚信、友善、和谐”的优秀文化精髓，具有很强的包容性和凝聚力，是与“一带一路”国家互相交流与理解的一个不可多得的切入点。而我国茶叶品种众多、特性各异的特征，博大精深、丰富多彩的茶道茶艺，正可以在追求个性与独特体验的后工业化时代中，彰显独特风采，在当今世界茶叶工业化标准为主导的秩序中，助力中国茶业、茶文化取得话语权，大力提升中国茶叶、茶文化的整体国际知名度和文化引领力，唤醒“一带一路”沿途的历史记忆，从而增强中国茶叶、茶文化在国际茶叶贸易、国际文化交往中的话语权和定义权。

三、牢固树立品牌意识，不断提升江西茶业品牌实力

浙江依托杭州西湖独一无二的人文品牌，把龙井茶打造成了“中国绿茶第一品牌”、著名的国际茶叶品牌和高含金量的“浙江名片”。茶都安溪依托铁观音品牌优势推出了休闲度假、古迹旅游、茶都观光和铁观音发源地探幽等四条黄金旅游线路，聚集了很高的人气，打造了著名的茶文化旅游品牌。江西茶产业要在竞争中取胜，必须打造出自己的品牌，不断丰富内容形式，从而在“一带一路”国家战略中赢得先机。

一是要打造江西名茶品牌。江西茶叶，自唐以来，久负盛名，素有“唐载茶经，宋称绝品，明清入贡，中外驰名”“茶盖中华，价甲天下”之美誉。但江西茶叶品牌多而杂，目前全省仍有茶叶品牌 700 多个，有的一个县就有 50 多个牌子，没有一个与碧螺春、龙井、铁观音、大红袍、金骏眉等齐名的茶叶品牌，缺乏市场核心竞争力。为改变全省茶业“小、杂、弱”的现状，打造出在全国乃至世界叫得响的茶叶品牌，今年，省政府决定每年出资 1 个亿，连续 5 年集中扶持庐山云雾茶、狗牯脑茶、婺源绿茶、浮梁茶、宁红茶（即“四绿一红”）品牌，推

出江西的茶叶品牌“国家队”。这五个品牌在历史上都名噪一时，狗牯脑两获世界金奖；婺源绿茶在宋代即被列为全国六种名茶“绝品”之一；庐山云雾被列为全国十大名茶之一；浮梁茶有“茶中茅台”之美誉；宁红茶被俄国皇太子点赞“茶盖中华”。我们要牢固树立品牌意识，加大对品牌文化内涵的挖掘，不断注入品牌的历史文化底蕴，加大品牌整合力度，倾力打造品牌优势、增强品牌实力、激发品牌活力、提升品牌形象，从而让茶叶成为江西面向“一带一路”、面向世界的一张闪亮名片。

二是要打造茶文化旅游品牌。江西茶文化的优势在于历史悠久、茶俗独特，茶文化旅游要在乡村茶俗、民族风情、乡土文化等方面做好文章，提炼鲜明的茶文化旅游体验主题，树立文化品牌，构建多元化茶文化旅游产品格局。我省婺源上晓起村就是江西开发的一处独具特色的茶文化旅游景点。该村森林覆盖率 82% 以上，原生态的自然风貌、古村落的田园风光、典型的徽派建筑群以及千年的茶文化融为一体，散发着无穷的魅力，每年吸引众多海内外游客在此体验乡村乐趣，甚至有国外游客通过互联网联系到村民家住宿，被誉为“中国茶文化第一村”。我们要借助“江西风景独好”品牌，精心打造茶文化旅游品牌，推出“茶文化美食”“茶艺茶道表演”“茶文化体验”“文化专题游”等茶旅一体化的旅游产品；要与江西红色摇篮、绿色家园、古色厚土有机结合起来，精心设计茶旅游线路，以茶产业联动旅游业，以旅游业带动茶产业，将江西打造成茶文化特色鲜明的国际旅游目的地。

三是要打造茶产品品牌。由于历史原因，“一带一路”沿线国家和地区的消费习俗和市场需求趋势与我国有很大的不同。英国人下午茶喜爱现煮的红茶，并放糖和冷牛奶；美国茶文化受“速度”“效率”的文化基因影响，常喝乌龙、绿茶等罐装冷饮茶；法国的饮茶文化从皇室贵族普及至民间，爱饮绿茶、红茶、花茶；俄罗斯人喜爱喝加方糖与柠檬片的红茶；泰国、北非因气候炎热，非常盛行冰红茶、薄荷茶；印度、斯里兰卡爱喝红茶和加香料的调味茶等。我们一方面要适应各地消费者的口味、文化特色和茶饮习惯，推出各种原料茶、袋泡茶、茶饮料，以及添加了香料、花瓣、香辛料的拼配红茶，不断丰富茶产品的种类；另一方面要借助茶文化交流，推动我省名优茶、精品茶器具走出去，使“一带一路”沿线国家和地区消费者对这些价值高、文化含量高的茶产品产生文化认同，从而不断提升茶产品品牌知名度和竞争力。

四、抢抓“一带一路”机遇，促进茶产业转型升级

目前，“一带一路”涵盖全球44亿人口，该区域又是全球最重要的茶叶生产和消费地区，这其中蕴藏着巨大的市场潜力和红利。因此，我国各重点产茶省市正在抢抓机遇，积极部署，迎接新一轮开放发展战略机遇期的到来。江西一定要认真研究当前国际茶市场需求，积极推动茶产业转型升级、提质增效。

一是要大力发展生态有机茶园。据国际茶叶委员会统计，2014年，世界茶叶出口总量182.5万吨，中国出口量为30.1万吨，同比下降7.1%，仅占世界出口量的16.5%。茶叶出口总量下降的一个重要原因是，西方发达国家设置了重重的绿色贸易壁垒。比如欧盟、日本等针对茶叶农残检测所制定的标准十分严苛，且检测方法多变，使得中国在2014年输欧、日茶叶因农残检测超标被通报33次，损失数千吨茶叶。而我省在生态有机茶园建设方面取得了一定的成功经验。如婺源县目前有5.6万亩茶园通过欧盟有机茶园认证，连续10多年突破欧盟贸易壁垒，销往美国、英国、德国、韩国等20多个国家，占据欧盟市场50%以上的份额。我们要充分发挥江西生态环境良好、土壤气候适宜等优势，按照“生态化、良种化、规范化”的要求，制

定有机茶园建设标准，出台扶持政策，助推进全省有机茶业快速发展、转型升级，不断扩大我省有机茶在世界所占市场份额。

二是要大力发展茶叶深加工业。茶叶深加工是延长茶产业链，促进茶产业转型升级的重要举措。目前，浙江、福建等省的茶叶企业纷纷在深加工上做文章、要效益，如世界最大的红茶供应商——印度塔塔茶叶有限公司和全球最大的绿茶供应商浙江省茶叶集团有限公司在安吉建成了我国规模最大、产品档次最高、生产技术最先进的茶叶深加工项目，形成2000吨茶叶萃取物的产能，消耗干茶原料3万吨。这是高技术含量的茶叶深加工产品在国内首次大规模生产，速溶茶、茶多酚、儿茶素、茶浓缩物等产品目前已经开始出口欧美、日本等产地。我省各有关部门要积极指导企业把开发茶叶精深加工产品作为茶产业转型升级的突破口，提高附加值，争取形成红茶、花茶初级加工，袋泡茶、茶饮料提升产品档次加工，速溶茶、茶多酚深加工等多种加工形式共存的格局。

三是要大力发展茶叶销售平台。2014年，全球茶叶产量502.6万吨，再创历史新高；中国茶叶各项生产指标也达历史最高点，保持着19年的增产增收记录。茶叶产量的持续走高加剧了全球供过于求的供需矛盾，有关数据显示，今年我国各类茶出口全面下降。在此背景下，江西茶企应抓住产业转型升级及国家实施“一带一路”战略的大好时机，放宽眼界，立足国内市场，瞄准国际市场，完善营销体系，构建多元的营销渠道。要实施赣茶走出去战略，组织茶企走向全国乃至国际参加展销会，展示、推介、宣传企业和产品，提升影响力和竞争力。要重点研究“一带一路”沿路国家的主销市场和一般市场、传统市场和新兴市场的不同消费需求，深度合作，建立深度加工和特色营销网点，在合作互利共赢的基础上扩大中国茶的市场份额。要积极实施“互联网 +”，借助国家支持发展农业电商的机遇，在国内外电商主流平台营销茶产品，不断拓展出口贸易途径，形成线上线下互动格局。

当前，积极融入国家建设“一带一路”重大战略，共同推动东西方茶文化交流和茶产业合作，已成为各主要产茶省市的共识。江西一定要把握历史机遇，促进中华茶文化传承，推动茶产业走出去，加快茶产业发展升级，为万里茶路与海上丝绸之路再现辉煌做出贡献。

(2015 年 10 月)

让鄱阳湖成为永远安全的候鸟栖息地

江西鄱阳湖是中国最大的淡水湖，也是亚洲最大的越冬候鸟栖息地。每年有几十万只候鸟来此过冬，其中包括占全球种群 99% 的极危物种白鹤、90% 的濒危物种东方白鹳、50% 的易危物种鸿雁和白枕鹤。鄱阳湖被世人誉为“珍禽王国”、“候鸟乐园”、野生动物的“安全绿洲”。

保护好候鸟在鄱阳湖安全越冬，是江西的重要任务，也是维护中国大国形象的重要责任。同时，鄱阳湖具有丰富的生物多样性，是个巨大的生物基因库，是唯一代表中国湖泊加入世界生命湖泊网的湖泊，保护好鄱阳湖候鸟对于履行国际义务，维护全球生态安全也具有举足轻重的作用。近年来，鄱阳湖生态经济区建设上升为国家战略，江西以此为契机，进一步加大

鄱阳湖候鸟保护力度，开展了候鸟保护专项行动，全面消除湖区危害越冬候鸟资源的安全隐患，努力实现“三无一杜绝”的目标，即湖中无天网、无毒饵、无死鸟；路上无越冬候鸟携带和运输；餐馆酒店和市场无越冬候鸟藏匿、经营和交易；杜绝严重破坏鄱阳湖区越冬候鸟资源和湿地环境违法犯罪案件的发生，确保鄱阳湖成为永远安全的候鸟栖息地。

坚决斩断滥捕滥杀黑色利益链条。“没有买卖,就没有杀害。”保护候鸟关键在于控制源头，切断候鸟从湖区到餐桌形成的黑色利益链条，重点在于守住湖区、管住猎具、卡住车船、盯住餐桌。我们将进一步加强湖区源头管理，深入湖区巡查，重点监控湖泊承包者、湖区放牧者以及在湖区异常活动人群。查找天网销售源头，监管剧毒农药去向，落实剧毒农药购销实名制管理措施，清除危害候鸟的各种工具。加强湖区车船登记管理，设卡检查进出湖区的车辆、船只,重点监控无牌无照车船的行踪。经常检查市场和餐馆，坚决取缔经营候鸟的摊点、窝点，严厉处罚制售、食用候鸟等违法行为。

严厉打击猎杀候鸟违法犯罪行为。2010 年以来，江西进一步加大执法办案力度，先后查处各类野生动物案件 249 起，尤其在侦破大案要案上取得突破。2011 年 6 月，犯罪嫌疑人陶鹏因非法收购小天鹅 16 只、小白额雁 5 只，被新建县人民法院以非法收购、运输、出售珍贵、濒危野生动物罪，判处有期徒刑 11 年，并处罚金 5 万元；同案犯张国辉以运输珍贵、濒危野生动物罪，被判有期徒刑 5 年，并处罚金 3 万元。下一步，我们将对猎杀候鸟等违法犯罪行为，继续保持高压态势，严格依法依规、从重从快惩处，该重罚的要重罚，该重判的要重判。深挖犯罪背后的犯罪，查清案件背后的“保护伞”和失职渎职行为，查清违法犯罪人员的上下线关系，查清涉案候鸟的来源去向，下大力气坚决捣毁违法犯罪网络，力争达到“发现一件、牵出一片，查处一个、端掉一锅”的震慑效果。

建立健全候鸟保护队伍。鄱阳湖区候鸟保护点多、线长、面广，建立强大的监管力量是加强候鸟保护工作的需要。省林业部门成立了鄱阳湖区越冬候鸟和湿地联合保护委员会，将沿湖 3 市 12 县及省野生动植物保护管理局、鄱阳湖自然保护区的力量进行有机整合。同时，在鄱阳湖区建立了 14 个湿地类型保护区，健全完善管理机构，扩充专业护鸟队伍。对一些未划建保护区但候鸟资源又比较丰富的湖泊，聘请季节性的护鸟员进行巡护和监测，避免重点湖区、重点地段出现监管盲区。采取有效措施，重奖保护候鸟有功人员，激励群众参与保护行动，让更多的人关注并参与到候鸟保护行动中来。

不断强化联动工作机制。候鸟保护工作是一项由多地、多部门共同肩负的长期任务，需要不断强化上下左右“一盘棋”的大局观念，由沿湖各地、各有关部门各司其职，紧密协调，密切配合。林业部门负责综合协调，加强行政执法；渔政部门加强湖区巡逻，及时发现和清除危害候鸟的工具；政法部门协调公安、法院、检察院严厉查处破坏候鸟资源的案件；工商部门加强对运输和买卖市场的管理；宣传部门加强舆论引导，营造浓厚的候鸟保护氛围；监察部门加大对相关部门履职情况的监察力度。财政部门负责落实保护工作经费。同时，进一步畅通各地、各有关部门之间的信息渠道，加强横向和纵向的信息沟通，实现信息资源有效共享。充分发挥部门各自优势，组建联合执法队伍，加大联防、联控力度，堵塞执法真空地带，不给违法犯罪分子以任何可乘之机。

切实加大普法宣传教育力度。适应时代发展要求，把传统宣传形式与网络、微博、手机等新兴媒体结合起来，拓宽宣传渠道，丰富教育形式。积极加强与媒体的沟通协调，善待媒体、善用媒体，主动、及时发布权威信息，主动接受媒体监督和举报，争取媒体支持，不断强化正面宣传效应。加强法律知识和典型案例的宣传教育，提高人民群众的法制观念，最大限度震慑违法犯罪分子。开展以候鸟保护为主题的宣传活动，使野生动物保护法律法规与科学知识进村庄、进社区、进单位、进学校，不断提高广大人民群众的生态保护意识和法制观念。

认真落实候鸟保护责任制。湖区保护管理实行属地政府负责制。对行政界址不清、湿地权属不明的插花地带，实行“上管一级”原则，切实防止各自为战、推诿扯皮现象，保证工作不留死角、不留盲区。县、乡、村层层签订保护责任状，构建“工作落实有人抓、工作进度有人促、工作效果有人查”的责任体系。将候鸟保护工作纳入社会治安综合治理考核范围，对保护候鸟资源成效明显的单位和个人给予奖励，对发生破坏候鸟资源违法犯罪重大案件并造成重大负面影响的地方，实行“一票否决”，由省综治部门负责督促落实。

“鄱湖鸟，知多少，飞时遮尽云和日，落时不见湖边草。”每年 11 月至次年 3 月，鄱阳湖进入观鸟的最好季节。在不打扰候鸟安全越冬的前提下，我们希望更多的人来一起分享候鸟云集、帆影点点的鄱阳湖美景，体验人与自然和谐相处的生态画卷，相信一定会让四海游客赞叹不已，流连忘返。

(2011 年 10 月)

旅游合作：21世纪海上丝绸之路的新力量

很高兴在这个秋风送爽的最佳旅游时节，来到世界旅游名城澳门，参加第三届世界旅游经济论坛。在此，我谨代表江西省人民政府，向本届论坛的隆重举办表示热烈的祝贺，向广大澳门同胞和与会嘉宾朋友表示由衷的祝福！

本届论坛的主题是海上丝绸之路。众所周知，古老的海上丝绸之路是连结东西方的重要海上通道，对世界各国的经济文化交流及发展产生了积极而重大的影响。海上丝绸之路的开通与持续繁荣，是中国文明强大的生命力、创造力和持久魅力的象征。如今，21世纪海上丝绸之路，又被赋予了崭新的时代内涵，它是中国与周边国家开展合作共赢、推进新一轮改革开放的大手笔、大战略和大布局。

江西地处长江中下游南岸，古称“吴头楚尾、粤户闽庭”，自古就是中原通往岭南和闽越地区的咽喉要地。历史上，江西依托运河——长江——赣江——北江——珠江这一黄金水道，成为了海上丝绸之路贸易向内陆延伸的重要货物集散地。江西景德镇的陶瓷作为海上丝绸之路的重要商品，数百年前随着一艘艘商船漂洋过海，进入了西方人的日常生活，促进了东西文化的交融与碰撞。中国的英文名称“China”就是“瓷器”的意思，其发音源于景德镇历史名称“昌南”。可以说，正是海上丝绸之路，把江西和世界紧紧地联系在了一起。

女士们，先生们，朋友们！

21 世纪海上丝绸之路，不仅是一条商品贸易之路，更是一条文化之路、交流之路、友谊之路、开放合作之路。实践告诉我们，旅游业是区域合作的先导产业。建设 21 世纪海上丝绸之路，旅游最具共识，最有基础。悠久而灿烂的海上丝绸之路，为沿线区域保留着丰富而又珍贵的文化和物质遗产，无论是作为主要供应商品的丝绸、陶瓷、茶叶，还是作为主要运输途径的内陆驿道和沿海港口，或者参与海上丝绸之路的重要人物和故事，都为世界奉献了异域风情、差异文化和秀美风光。海上丝绸之路沿线从旅游资源密度、等级和影响力等方面都处于世界较高水平，为中外游客所景仰和期待，开展海上丝绸之路旅游合作大有可为。江西作为古老海上丝绸之路的重要商品输出地和集散地，愿意担当21世纪海上丝绸之路旅游合作的开路先锋。借此机会，请允许我把江西进一步介绍给澳门和世界各地的朋友。期望通过加深对江西的了解，寻找到更多的合作机遇。

江西山水灵动、人文辉煌，旅游资源遍布全省。现在人们常常提到的“走江湖”原本是禅宗用语，其中的“江”指的就是江西。据记载，唐宋之际，禅风日盛，尤以江西和湖南禅僧修为最高。禅门行者寻师参方，必来往于江西和湖南，否则不能得禅宗之要。由此可以感知江西在中国文化史上的重要地位。中国文化史的很多新篇章从这里翻开，陶渊明开创田园诗派，欧阳修领军古文革新，王安石高举改革旗帜，汤显祖戏剧流芳后世，庐陵文化、临川文化、陶瓷文化、客家文化等成为中华文化重要特色文化。江西还是儒学的中兴之地、禅宗文化的定型之地、道教文化的发祥之地。江西更是风景秀美的人间胜地，处处优美风光与民俗风情相映成趣，历史文化与绿色生态浑然一体，是一块自然天成与人文造化完美结合的旅游宝地。一代伟人毛泽东在江西写下“踏遍青山人未老，风景这边独好”的壮丽诗句。如今，“江西风景独好”已成为全新的旅游形象品牌，唱响大江南北。

女士们，先生们，朋友们！

21 世纪海上丝绸之路不仅传承了古代海上丝绸之路和平友好、互利共赢的价值理念，而且合作层次更高，覆盖范围更广，共赢空间巨大。没有大合作，就没有大旅游。当前，江西正把旅游业作为最有条件率先崛起的现代服务业，全力推进旅游强省建设，旅游业迎来了又一轮发展的黄金期。我们欢迎澳门和世界各地的朋友、企业家多到江西走一走、看一看，了解江西、投资江西，在合作发展中实现互惠多赢。

最后，祝澳门第三届世界旅游经济论坛圆满成功！

（此文系在第三届世界旅游经济论坛上的发言，

2014 年 10 月）

重塑丝绸之路江西历史荣光

今天上午，我们共同签署了《“一带一路”地方领导人对话会西安声明》，勾画了“一带一路”沿线国家地方政府间友好交流与合作的美好蓝图。现在，我们又齐聚一堂，深入交流探讨“一带一路”战略（构想）与亚洲命运共同体，必将进一步密切与沿线亚洲国家的交流与合作，推动建立宽领域、多层次、全方位对外开放新格局，实现优势互补、互利共赢。

积极参与“一带一路”战略，是江西策应国家重大发展战略，抢抓历史性发展机遇，在更高水平更高层次开放开发的必然要求，也是重塑丝绸之路江西历史荣光、推进江西与沿线亚洲国家合作共赢的现实要求。我们将积极参与“一带一路”建设，明确战略走向、突出重点区域、彰显江西特色、发挥竞争优势、加强示范引导，不断拓展江西与“一带一路”沿线亚洲国家合作的新空间。

一是推动基础设施联通。江西是全国唯一同时毗邻长江三角洲、珠江三角洲、海西经济区三个最活跃经济区的省份，是依托长江建设中国经济新支撑带和促进中部崛起的重要省份，具有承东启西、连南接北的独特区位优势。我们希望加强与周边省份以及“一带一路”沿线亚洲国家的对接，积极推动基础设施互联互通，进一步畅通陆上通道、连接海上通道、构建空中走廊、拓宽数字通道，加快重大铁路工程、赣欧（亚）铁路货运通道、铁海联运通道、航空运输网络、电子口岸互联互通工程等建设，构建联通内外、安全通畅的对外开放通道。

二是加强优势产业对接。江西是矿产和农业资源大省，自古享有“鱼米之乡”的美誉，矿产资源保有储量居全国前十位的有53种，铜、钨、铀、钽、稀土和金、银被誉为“七朵金花”。全省立足资源优势已形成有色、钢铁、汽车制造、建材、化工、纺织、绿色食品等九个主营业务收入超千亿元的产业；先后设立了国家级直升机产业基地、生物医药产业基地、电子信息产业基地、新能源科技示范城，形成了一批具有较强竞争力的龙头骨干企业。我们希望加强与“一带一路”沿线亚洲国家合作，

共同推进铜冶炼及深加工、钨和稀土深加工、陶瓷及建材、汽车零部件及整车生产、农产品种植及加工等传统产业发展，着力培育生物医药、电子信息、先进装备、节能环保、新能源、锂电及电动汽车等新兴产业，抢占未来产业发展制高点。

三是扩大生态旅游合作。江西生态环境优良，旅游资源丰富，森林覆盖率达63.1%，居全国前列，是首批全境列入国家生态文明先行示范区建设的省份，境内拥有中国最大的淡水湖鄱阳湖，世界瓷都景德镇，世界文化遗产庐山，世界自然遗产三清山、龙虎山、龟峰，中国最美乡村婺源等一大批著名旅游景区。我们希望加强与沿线亚洲国家合作，努力推进双方旅游信息互联、线路互通、客源互换，大力推介"江西风景独好"旅游品牌，提升江西旅游国际知名度，联合打造丝绸之路概念的特色精品旅游线路，开辟与沿线亚洲国家的旅游直飞航线，提升旅游合作水平。

四是构建合作交流平台。发挥政府在信息引导、政策扶持、沟通协调等方面的作用，为企业合作创造良好的营商环境。精心打造世界低碳生态经济大会、景德镇国际陶瓷博览会、中国绿色食品博览会等一批自主展会，积极组织参加沿线亚洲国家的国际展会并开展经贸活动，推动双方龙头企业增进交流，深化经贸投资合作。积极推动与沿线重点地区建立友好合作关系，巩固和发展友好省州及城市，务实推进交往合作。通过多主体、多平台的合作，建立常态化的工作机制，逐步与沿线亚洲国家建立更加全面、更加紧密的合作伙伴关系。

女士们、先生们、朋友们！

江西将以更加开放的胸襟、更加务实的态度，加强与沿线亚洲国家的合作，推动江西更高水平、更高层次的开放开发。我们也希望与沿线亚洲国家、地方政府、商（协）会、企业家携手合作，共同推进“一带一路”建设，实现互利共赢，促进友好共荣。

（此文系在“一带一路”地方领导人对话会上的演讲，2015 年 5 月）

共同浇铸江西风景独好的品牌之美

时维九月，序属三秋。豫章故郡，胜友如云。值此江西省委、省政府推进旅游强省建设一周年之际，我们迎来了全国20余家中央和省级主流媒体的朋友，正如古人云："有朋自远方来，不亦乐乎！"我谨代表江西省人民政府，对你们来江西感受旅游、宣传旅游，表示热烈欢迎和衷心感谢！

为进一步发挥我省旅游资源优势，省委、省政府做出实施"旅游强省"战略的重大决策，明确了旅游产业发展的战略目标和发展定位，提出要把旅游业打造成为江西最大的特色、最大的优势、最大的亮点，建设成为绿色崛起的第一窗口、第一名片、第一品牌。在省委、省政府的高位推动下，全省旅游产业发展的凝聚力不断增强，形成上下联动的领导力，一系列改革创新

举措相继出台，进一步释放了旅游发展的内生动力。一是把旅游机构升格作为先行性改革，使江西成为全国第五个成立旅发委的省份；二是经过紧锣密鼓地筹建，我省第一个省级旅游投融资平台——省旅游发展投资集团即将挂牌运营；三是召开高规格的全省旅游产业发展大会，充分调动各地发展旅游的积极性创造性，旅游强省建设由点到面全面铺开，呈现出浓厚的发展氛围；四是加大旅游对外宣传及合作力度。省委省政府主要领导在多个场合亲自对外推介江西旅游。赣台、赣港经贸合作与文化交流不断升温，国家旅游局批准将南昌正式列为赴台个人游试点城市，今年往返赣台两地客源创历年新高；在澳门举办2014世界旅游经济论坛和第十二届澳门妈祖文化旅游节等两场大型活动，进一步扩大江西旅游在境内外的影响力。五是我省旅游商品生产企业在“第六届中国国际旅游商品博览会”上获得“最佳必购商品奖”和“最佳交易成果奖”。2013年，江西省旅游接待总人数达2.5亿人次，同比增长22%；旅游总收入达1896亿元,同比增长35%。今年1—8月,我省接待游客2.16亿人次，旅游总收入达1668.6亿元，分别增长25%和36.53%，两项增幅均居全国前列，境外游的增幅更是创历史新高。

号角声声催人，只争朝夕奋进。近年来，江西旅游产业发展虽然有了长足进步，但离建设成为旅游强省还有较大差距，仍存在思想认识不足、基础弱、总量少、资源开发度低、管理体制不顺等问题。下一步,我们将围绕“建成旅游强省”的目标，着重从规划、政策、机制体制完善等方面抓好改革创新，努力实现“四个转型”:促进旅游资源由分散开发向整体开放开发推进转型、促进旅游消费由观光旅游为主向休闲度假观光并重转型、促进旅游收入由门票为主向综合收入转型、促进旅游景区由低层次建设向标准化建设转型；达到“七个一流”，即建设一流的目的地、坚持一流的宣传营销、完善一流的设施、构筑一流的智慧旅游、实施一流的管理、培育一流的人才、提供一流的服务，推进江西由旅游大省向旅游强省迈进，实现产业规模更强、综合效益更高、品牌影响更大、发展活力更旺。

今天，全国20余家具有权威性、公信力和高覆盖率的中央、省级主流媒体的记者、名编精英汇聚南昌，体验“江西风景独好”品牌魅力，采访报道江西旅游事业发展，这是江西旅游界的一大盛事。明天，大家就要启程将前往龟峰、三清山、婺源和景德镇等堪称江西最美的旅游路线采访，希望各位媒体记者能用你们敏锐的眼光捕捉江西令人心动的自然之美，传播江西灿烂悠久的人文之美，浇铸江西风景独好的品牌之美，提升江西旅游的影响力和美誉度。相信通过你们的报道，必将对江西旅游风景独好品牌和江西旅游整体形象的宣传产生积极的影响，为江西旅游添上浓墨重彩的一笔，让更多的人热爱江西、来江西旅游！

最后，感谢各位朋友长期以来对江西的关心和支持！祝各位记者朋友在江西期间身体健康，工作顺利！

（此文系在“旅游强省·主流媒体走赣鄱”活动上的讲话，2014年9月）

“江西风景独好”：江西全方位形象定位

“江西风景独好”体现了江西特色、江西风格、江西气派，2014年获评“影响世界的中国文化旅游口号”。省委已进一步确定将“江西风景独好”作为江西全方位的形象定位，非常高兴来到江西人文大讲堂和大家交流“江西风景独好”。“江西风景独好”是作为江西旅游形象宣传口号提出来的，主要目标是要在全国乃至全球凝聚江西旅游特色、展现江西旅游优势、塑造江西旅游品牌、提升江西旅游形象。在2014年第二届中国文化旅游品牌建设与发展峰会上，获评“影响世界的中国文化旅游口号”。

2010年11月，在一次旅游工作座谈会上，许多同志反映江西旅游在全国的知名度不高，来的人太少，关键是营销力度不够，缺乏有影响力的核心广告语。我们决定要在中央电视台播出一个江西旅游宣传片，根据文字简练、特色鲜明、朗朗上口、便于记忆、底蕴厚重的原则，我们提出把“江西风景独好”作为江西旅游形象宣传口号。广告送到央视后，有同志提出，广告不能有排他性，你江西风景独好，别人都不好吗？我们答辩主要讲两条，一是“独好”不是说别的地方不好，而是强调江西风景自身的独特优势。二是毛泽东同志走遍了中国的山山水水，只是 1934 年在江西会昌写下了“踏遍青山人未老，风景这边独好”，所以江西人对这个词有优先使用权。到目前为止，“江西风景独好”在央视播出四年了，已为社会广泛认可。“江西风景独好”体现了江西特色、江西风格、江西气派，极大地提升了江西省域品牌形象。省委已进一步确定将“江西风景独好”作为江西全方位的形象定位，这必将进一步拓展“江西风景独好”的内涵，扩大“江西风景独好”的影响力。

“江西风景独好”口号的背后，蕴含着丰富的“独好”内涵。江西是全国唯一一个与四个“三角”毗邻的省份，全境被列为首批生态文明先行示范区。

我们之所以敢于喊出“江西风景独好”的口号，是因为江西有着丰富的“独好”内涵。江西有着独特的区位优势，是唯一与全国最发达的三个地区，即长三角、珠三角及闽三角同时相邻的省份，也是国家正在强力推进的长江经济带及长江中游城市集群的重要组成部分，是所谓“中三角”的中心地带。全省交通便利，“三纵四横”高速公路主骨架全面建成，2015 年高速公路通车总里程突破 5000 公里，实现“县县通高速”。铁路方面，被称为“最美高铁”的向莆铁路以及衡茶吉铁路 2013 年正式投入运营，沪昆高铁 2014 年江西全线开通运行，南昌到杭州 2 个小时，到武汉、长沙 1 个半小时，到上海 3 个小时，到北京 6 个小时的快捷铁路通道已基本构成。民航方面，全省已有 6 个机场通航，上饶三清山机场预计 2015 年建成通航。一个立体综合旅游大交通体系正在逐步形成。

江西拥有一流的生态环境，2014 年 6 月，我省全境被列为首批生态文明先行示范区，是全国五个全境列入的省份之一。江西有丰富的动植物资源，森林覆盖率高达 63.1%，与福建并列全国第一。人均拥有水量 4100 多立方，主要河流湖泊水质优良，城市集中饮用水源地水质达标率 100%。江西空气甘甜，每立方厘米空气负氧离子含量年平均值达 1070 个，超过世界卫生组织规定的清洁空气标准。崇义阳岭最高含量更是达 19.2 万个，被吉尼斯认定为世界空气负离子浓度值最高风景旅游区。

“3461”是江西的旅游密码，四大名山是江西的绿色代表作，四大摇篮是江西的红色代表作，四个千年是江西省的古色代表作。还有一湖，一村，一海，一峰，一道，一城……

江西红色旅游资源、绿色山水资源、古色历史文化资源交相辉映，最具代表的“3461”景区，即四大名山（庐山、井冈山、三清山、龙虎山）、四大摇篮（中国革命摇篮井冈山、人民军队摇篮南昌、人民共和国摇篮瑞金、中国工人运动摇篮安源）、四个千年（千年瓷都景德镇、千年名楼滕王阁、千年书院白鹿洞、千年古刹东林寺）以及一湖（中国最大淡水湖鄱阳湖）、一村（中国最美乡村婺源）、一海（庐山西海）、一峰（龟峰）、一道（小平小道）、一城（共青城）等闻名于世。除此之外，江西还有云中草原武功山、月亮之都明月山、江湖奇峰石钟山、东江源头三百山、森林泉瀑大茅山、峡谷漂流大觉山、奇石海洋灵山、丫山、汉仙岩、铜钹山、五府山及仙女湖、陡水湖等山水。龙南围屋及渼陂、钓源、燕坊、锦源、湮头、流坑等历史文化

名镇名村。在2014年评出的首届中国符号品牌榜中，我省武宁县、婺源景区、婺源篁岭景区及龟峰、三清山景区上榜，占全部获奖单位数的三分之一。

万年的农耕文明，商周时期的新干青铜文明，江西历史悠久，人文鼎盛。有“田园诗祖”“一代文宗”“中国十一世纪的改革家”“东方的莎士比亚”……

早在一万多年以前的新石器时代晚期，万年仙人洞的江西先民就将野生谷物转变为人工水稻栽培，开启了人类的农耕文明。商周时期，新干大洋洲大量使用青铜礼器、兵器，当时就有了不逊于中原的青铜文明。从六朝开朝，江西逐渐成为国家粮食基地。江西历史悠久，人文鼎盛。产生了诸如陶渊明、王安石、欧阳修、杨万里、汤显祖、文天祥、解缙等一大批思想、文学巨匠，留下了不朽著作。

江西自汉以后，儒释道三家多有在此开宗立派，成为儒学的中兴之地、禅宗的定型之地、道教的发祥之地。宋明时期，儒学在江西开始了融合创造的过程。此时江西大哲继起，理学肇兴，儒家思想哲学化进程得以完成。婺源人朱熹是中国历史上继孔子之后最伟大的思想家、哲学家和教育家。朱子理学，被钦定为官方的正统哲学思想，构成中国宋末至清代600余年间一直处于统治地位的思想理论。

从佛教来说，东汉末年佛教传入江西，到魏晋、南北朝时期，庐山逐渐成为了南方佛学研究和活动的中心。作为最具中国特色，也是中国最大的佛教宗派的禅宗，其兴盛发展与江西密不可分，台湾星云法师认为有资格称“禅都”的唯有江西。所谓“走江湖”，即不到江西和湖南，难以学成大佛从儒学来说，从道教来说，鹰潭龙虎山是天师道祖庭。晋代许逊（许真君）是净明道祖师、治水专家，百姓建万寿宫祭祀。

民族技艺绽放异彩，江西陶艺代表着中国的最高水平，江西一度成为全国音乐发展中心，名帖《砥柱铭》创造了书法拍卖最高价。陶瓷是中国文化的重要象征，江西素有“瓷国明珠”之誉，代表着中国制瓷艺术的最高水平。东晋至唐代，丰城洪州窑为全国六大青瓷名窑之一。两宋年间，吉安吉州窑是全国最著名的两大名窑之一，其木叶贴花工艺冠绝天下。北宋时，宋真宗以年号“景德”赐名，此后景德镇瓷器千年窑火盛烧不衰，赢得“瓷都”桂冠。代表作品“鬼谷子下山元青花大罐”“明成化鸡缸杯”先后创造了陶瓷拍卖史上的纪录。中国在西方因瓷器而得名。景德镇原名昌南县，由此发音产生 China，其第一个字母大写是中国，小写是瓷器。

江西人对中国音乐的发展做出了重要贡献。黄帝音乐大师伶伦在南昌西山洪崖烧竹炼丹，发明了笛子，成了中国音乐的创始人。永新人大唐歌妃许合子被誉为“喉音妙绝，为天下第一”。宋以后，江西成为全国音乐发展中心，姜夔、周德清、燕公楠、朱权、魏良辅等的音乐理论被音乐界视为“圣典”。姜夔的《白石道人歌曲》是流传至今唯一一部带有曲谱的宋代歌集，唐玄宗创作、杨贵妃首演的《霓裳羽衣曲》因其重新发现并记录得以传世。此外，江西绘画艺术也是独树一帜。

江西红色文化领先全国，开国将军最多，烈士占全国的六分之一，红色基因浸透了江西人的血液和江西的山水之中。这里不仅发动震惊全国的安源路矿工人大罢工，开启了中国现代工人运动的大幕；打响武装反抗国民党反动派的第一枪，建立了党领导的人民军队；举行了秋收起义，创建中国第一个农村革命根据地，开辟了农村包围城市、武装夺取政权的中国革命的正确道路；成立我国第一个全国性工农民主专政新型政权，为新中国进行了预演；还有二万五千里长征从这里出发，弋横暴动、南方三年游击战争、上饶集中营茅家岭暴动等中国革命重大事件都发生在这块土地上。江西也涌现出了方志敏等一批杰出的革命家，江西儿女为中国革命的胜利做出巨大牺牲和重大贡献。据史料统计，第二次国内革命战争时期，江西籍有名有姓的烈士就有 25 万多人，占全国的六分之一。江西也是开国将军最多的省份。1978 年，党的十一届三中全会吹响了改革开放的时代号角，也正是起源于邓小平同志在江西新建县一条小道上的思考。今天，传承好红色基因和红色精神，仍然是推动我们事业不断开创新局面的强大“内驱力”和“软实力”。

讲堂趣谈

兵马俑门票八个亿

每个地方都有自己的特色。比如说陕西，美国总统克林顿及夫人希拉里、俄罗斯总统普京、法国总统萨科齐来中国都要去陕西西安，兵马俑今年的门票收入近八个亿，相当于我们江西四大名山的总和。

庐山独一无二

大家知道，我们现在一讲中华民族的象征，叫黄山黄河，长江长城，黄山离我们不远，黄山美，但黄山没有水；桂林山水甲天下，桂林的水确实好，但山并不高。而我们庐山，毛主席写庐山的诗第一句就叫“一山飞峙大江边”，既有山，又有水，一边是万里长江，一边是中国最大的淡水湖鄱阳湖，西面还有庐山西海，四面环水，尤其是还有几百栋历史名人别墅。这个特点其他地方没有。

将拍摄《建军大业》

为纪念建军九十周年，扩大江西的影响力，传承红色精神，我们将与中影集团等单位合作，继《建国大业》《建党伟业》之后，拍摄《建军大业》，并在 2017 年 7 月播出。影片将从九江策划起义开始，南昌激战为中心，井冈山朱毛会师结束，全方位宣传江西，并将大阅兵、航母、新型战机和导弹精彩片断嵌入，使影片的观赏性更强。

“明月姑娘”明月山

为什么叫明月山？都说这是嫦娥奔月的地方，这是神话传说。明月山的名字确实有来历，山上一些石头是萤石，月亮一照就反光，景色很独特。历史记载，山下有个小姑娘叫夏云姑，这个人后来被孝宗皇帝选为了成恭皇后，她的小名就叫“明月姑娘”，传说她为岳飞平反发挥了重要作用。

渼陂的毛主席住房对联

渼陂是井冈山下面一个村庄，毛主席早年在这里打游击。毛主席的住房门口有一副对联，“万里风云三尺剑，一庭花草半床书”，这两句话是毛主席一生的写照。“万里风云三尺剑”指毛主席走过的二万五千里长征，30年在打仗。“一庭花草半床书”，毛主席在中南海住的丰泽园，庭院里的花草特别茂盛，他的床很宽，自己睡一半，另外一半全是书。

樟树古海盐温泉

我们新近打造出了很多新景点，樟树古海盐温泉来自一千多米的地下水。江西人吃盐主要靠樟树，盐温泉抽出来以后，浓度大约为27%，稀释到23%，不会游泳的人到那里都会浮起来。而且盐还能美容，对皮肤有好处，到死海里做美容面膜是黑颜色的，这个是白颜色的，脸上的各种污垢都能洗涤下来。

王安石改革“三不足”

王安石最著名的特点，就是改革什么都不怕，有“三不足”，即“天变不足畏，祖宗不足法，人言不足恤”。好多人都说是他自己总结的三句话。后来我查了一下书，不是他总结的，是当时一个反对派，写了一个奏折报给皇上，说这个家伙太狂，是从批评的角度写的。现在这三句话变成了他最大的功劳。什么都不怕，敢于搞改革。中国古代最伟大的改革家，两个人，一个是商鞅，一个就是王安石。

义聚三百余年不分家

德安义门陈累世义聚三百余年不分家，确实了不起，从唐代到宋代，十六代皇帝都给予这个地方高度赞扬，一千多人在一个村庄里实行了原始共产主义生活，大家一起干活，在一个锅里吃饭，实行平均分配。教育做到了“一犬不至，百犬不食”。

汤显祖是反腐专家

临川汤显祖在《邯郸记》中写卢生七十大寿时，皇帝为表彰他的功劳，赐给他黄金和美女。夫人让他上表退还。他却说受之有愧，却之不恭。结果精力透支，撒手尘寰，早赴阴曹。

阎王派人勾他走，他说，我还有三件事未完，不能走。一是七岁的孩子还未授官，二是自己的宅院尚未完工，三是不知皇上悼词对我如何评价。一些领导干部为什么犯错误，甚至犯罪？往往都是欲望太盛放不下，害己害人啊。

永修雷氏为皇家建筑师

“样式雷”在永修一个村子里，很不简单。他既是清朝以来皇家建筑总设计师，同时又是总包工头。他们家族八代人，从康熙一直做到光绪皇帝，包括圆明园、故宫等，这些标志性的建筑全是他们家设计和组织建造的。

（此文系在江西人文大讲堂的演讲，2014 年 12 月）

后记

2010年，我受组织委派到江西工作，分管文化旅游等方面事务。工作中，走基层、看城乡，察景区、谋发展，遍访江西100县。越走，就越为这里秀美的山川风光、厚重的历史文化底蕴所震撼；越走，江西独特的印迹就越加深深地刻进了脑海。这就激励着我坚持以各种方式，在多种场合，向海内外讲好江西故事，推出江西精彩。

对江西已经耳熟能详的景区，我从便于传播和游客选择重点的角度，把它们总结成了“3461”江西旅游密码对外宣传。“3461”即，3个“四”：绿色的有四大名山（庐山、井冈山、三清山、龙虎山）、红色的有四大摇篮（中国革命摇篮井冈山、人民军队摇篮南昌、人民共和国摇篮瑞金、中国工人运动摇篮安源）、古色的有四个千年（千年瓷都景德镇、千年名楼滕王阁、千年书院白鹿洞、千年古刹东林寺）及6个“一”：一湖（中国最大淡水湖鄱阳湖）、一村（中国最美乡村婺源）、一海（庐山西海）、一峰（龟峰）、一道（小平小道）、一城（共青城）。

对江西散落在各地众多的未开发景点，它们虽然美不胜收，但养在深闺人未识，就像不事雕琢的璞玉，纯净而迷人，等待着世人的探索和发掘。我积极地写文章去赞美它、推荐它。比如说黄岗山，它雄踞东南之巅，不仅是江西省第一高峰，也是东南大陆十省的最高峰。我2011年4月第一次来到这里，那里的奇峰险壑、山花古树、飞鸟走兽、流泉飞瀑，还有迷人的近月、壮美的日出、奇幻的云海、宏伟的峡谷、古朴的关隘，让人目不暇接，无比惊羡，我情不自禁地写下了《千峰之首黄岗山》。这是我到江西后写下的第一篇散文。之后，陆续又针对一些很有特点但知名度不高的景点，写了一系列文章进行介绍。比如《世界氧吧——崇义阳岭》，阳岭的空气负离子含量平均值高达每立方厘米9.2万个单位，最高处为19.2万个单位，被上海吉尼斯总部评为“空气负离子浓度值最高风景旅游区”。《江湖奇峰石钟山》，石钟山石头发声，一边是万里长江，一边是浩淼鄱湖，一山锁江湖，绝景无双。《草民的“皇宫”——篁岭》，篁岭 100 多栋古民居错落有致地分布在了百米落差的山窝之中，晨雾起处，炊烟袅袅，村庄远看犹如 3D 版仙境的现实存在。

我还多次到北京、上海、西安、香港、澳门等地，对着广大游客和投资商做了一番又一番真情实感的演讲，反响热烈。同时，我也积极组织和鼓励大家编写一些宣传推介江西旅游文化资源的书籍，并在其中写了一些序跋。这些序跋既是对大家共同宣传江西的推荐和鼓励，也从不同方面写下了我对江西的礼赞。其中有《秀美山川徐徐来》《说给世界听的中国故事》《画叙江西好精彩》《为江西山水讴歌》等。

几年来的这些文章、讲话就像我走在宣传江西路上留下的脚印。欣慰的是，它们有的发表在了《人民日报》《光明日报》《江西日报》《散文》选刊等报刊，有的荣获了报纸副刊好作品一等奖，有的被如《名人眼中的上饶》《江西散文选》等书籍收录，有的化身为市县或景区的旅游宣传口号，对提高景区景点知名度，加快景区建设进度，形成旅游品牌发挥了有益的作用。

最近，一些同志自发地寻找这些文章，提出希望能把它们做个整理，汇集起来出版。我也觉得这对于推介江西有积极意义，所以就汇编这本书。我把全书分为“秀美山川”“厚重文化”“灵动旅游”三个篇章。以《走遍江西 100 县》开篇，因为这是我调研江西、了解江西、认识江西的起始；以《“江西风景独好”：江西全方位形象定位》结尾,这是我对江西旅游文化的完满总结。同时在书的前后各放一首歌，都是由我作词、田信国同志作曲。第一首歌《风流江西》，由张也同志演唱，第二首歌《江西风景独好》，由宋祖英同志演唱。两首歌都是江西旅游的主题歌，前者写的是江西深沉的文化，及其文化名人、文化名句和我们今天的文化自信。后者写的是江西风景，主要是外在的，一望便知。两首歌都多次被演唱，网上点播率也过了几十万，并获得全国性大奖。我以为，风流江西，既是江西历史与今天的写照，也很符合这本小集子的主旨，故作为书名。这样的编排，希望能够表达我对江西的热情歌唱，又传递对江西的美好祝愿。

江西是华夏文明的一个卓越范本，是世界了解中国个性的一道简易法门，又是国人追寻文化之根的独好风景。期待本书为此提供一个好的注脚。

感谢读者！

朱虹

2016 年 10 月于南昌

江西风景独好

这里是红色摇篮，
这里是绿色家园，
这里是古色厚土，
啊，这里是神奇的江西！
江西风景独好、独好，这边独好！

庐山雄奇险秀，
井冈山红旗漫卷，
三清山峰林奇观，
龙虎山水浒开篇。

南昌军旗升起，
安源工运风雷激，
瑞金预演新中国，
小平小道创造奇迹。

鄱阳湖候鸟天堂，
婺源是最美家乡，
西海是人间仙境，
龟峰绝景举世无双。

景德镇千年窑火旺，
滕王阁千古传绝唱，
白鹿洞千秋学风在，
东林寺千载书华章。

这里人杰地灵，
这里物华天宝，
这里在绿色崛起，
啊，这里是美丽的江西！
江西风景独好、独好，这边独好！
江西风景独好！

图书在版编目（CIP）数据

风流江西 / 朱虹著. -- 南昌：二十一世纪出版社集团, 2016.11
ISBN 978-7-5568-1815-0

Ⅰ. ①风… Ⅱ. ①朱… Ⅲ. ①散文集 - 中国 - 当代
Ⅳ. ①I267

中国版本图书馆CIP数据核字(2016)第246488号

风流江西　朱　虹　著

策　　划	张秋林
责任编辑	李一意　张　周
特约编辑	靳喆安
封面设计	彭　蕾
版式设计	熊文华
摄　　影	彭学平　欧阳萍　罗克恒 李子青　李一意　李德清 白　明　吴东双　钟　敏 饶良平
出版发行	二十一世纪出版社集团 （江西省南昌市子安路75号　330025） www.21cccc.com　cc21@163.net
出 版 人	张秋林
经　　销	新华书店
印　　刷	江西华奥印务有限责任公司
开　　本	680mm × 920mm　1/16
印　　张	21.25
字　　数	150千字
版　　次	2016年11月第1版
印　　次	2016年12月第2次印刷
书　　号	ISBN 978-7-5568-1815-0
定　　价	36.00元

赣版权登字 —04—2016—738　